Libros sobre el Mensaje de 1888

He aquí Yo estoy
A la Puerta
Y Llamo

Robert J. Wieland

LS COMPANY

ISBN: 978-1-0882-1339-1

Copyright© 2023

Contenido:

Sobre el Autor 5

Introducción 7

Capítulo 1—En un Callejón sin salida 9

Capitulo 2. ¿A Quién se dirige el Mensaje? 12

Capítulo 3—¿Cómo empezó el Problema de "No Conoces"? 15

Capitulo 4—Historia Sagrada de la Culpabilidad Oculta 21

Capítulo 5—Verdadera Purificación de toda Maldad 26

Capítulo 6—Historia Denominacional y Mensaje a Laodicea 33

Capítulo 7—Remedios divinamente señalados: Oro 48

Capítulo 8—Remedios Divinamente Señalados: Vestiduras Blancas y Colirio . 76

Epílogo: El Cantar de los Cantares Y el Mensaje a Laodicea 85

Apéndice—Ellen White y el Pecado No Reconocido 89

Sobre el Autor

El ministerio del autor incluye veinte años como pastor adventista en Estados Unidos y veinticuatro años en la obra misionera adventista en África como director departamental, fundador de 'La Voz de la Esperanza de África del Este', y autor y editor de 'Africa Herald Publishing House'. También Consultor de 'Adventist All Africa Editorial'. Fue miembro fundador del 'Comité para el estudio del mensaje de 1888'.

Ningún otro tesoro oculto pudo haber fascinado tanto al pastor Robert J. Wieland, como su descubrimiento juvenil de que el mensaje de la justicia de Cristo constituye "el mensaje del tercer ángel en verdad". Esa noción dio un toque distintivo a su ministerio. Durante treinta y cuatro años se sintió movido a cavar profundamente en los sucesos enterrados del mensaje e historia de 1888, descubriendo que durante casi una década Ellen White apoyó ese mensaje en más de 300 ocasiones, empleando calificativos como "preciosísimo", "exactamente lo que el pueblo necesitaba", un "sorbo de las aguas de Belén", el sorprendente "comienzo" de la tan esperada lluvia tardía y fuerte pregón de Apocalipsis 18.

Sin embargo, el autor observó que esa obra que según la inspiración debía haberse extendido "como fuego en el rastrojo", se detuvo por más de un siglo. Su conclusión: un enemigo ha intentado apagar el fuego que el Señor mismo encendió.

He aquí, yo estoy a la puerta y llamo (escrito en 1974), explora la relación entre el mensaje especial de Cristo a la iglesia de Laodicea, y nuestra extraña resistencia a responder a su amante invitación contenida en el mensaje de 1888. El hecho resulta por demás inquietante. El autor rastrea nuestros problemas denominacionales hasta una primera causa básica: no permitimos la entrada a aquel Amante celestial que ha estado llamando a nuestra "puerta" durante más de un siglo. Es su convicción que el Señor llama todavía, y que hay una solución esperanzadora: el arrepentimiento de su pueblo que demanda el mensaje del Testigo fiel.

La iniciativa de publicar este libro en el formato actual no pertenece al autor. Se debe a la súplica insistente de pastores y laicos, que el lector no dudamos compartirá tras explorar su contenido.

Introducción

Si el orador invitado a nuestra iglesia el sábado próximo fuese Jesús mismo, ¿cuál sería su mensaje?

La respuesta es sencilla: Él es ya el orador invitado, y su mensaje es fácilmente asequible a todos. Es el mensaje dirigido "al ángel de la iglesia de Laodicea".

Durante toda una década probablemente hemos predicado y escrito más sobre el mensaje a Laodicea, que sobre cualquier otro tema concreto. Sin embargo por alguna extraña razón el cambio al que el mensaje apela parece no haberse producido nunca. A medida que las décadas se suceden inexorablemente, da la impresión de que la trágica condición espiritual que hace necesario el cambio no ha hecho más que agravarse.

¿Acaso, de tanto repetirlo, el lenguaje de Apocalipsis 3:14-21 ha perdido para nosotros el significado? ¿Nos hemos autoflagelado periódicamente con arengas basadas en tal mensaje, hasta aburrir ese ritual masoquista?

¿Cuándo se predicará definitivamente el sermón sobre el mensaje a Laodicea que resulte en una acción acorde con el "consejo" dado por el Testigo fiel y verdadero?

Este libro no pretende ser una repetición de los clichés repetidos vez tras vez en un espíritu de señalar defectos. Se trata, por el contrario, de contemplar el mensaje del Señor desde una perspectiva poco habitual: la del mensaje de 1888 de la justicia de Cristo. Las familiares palabras de Jesús a la séptima iglesia pueden tomar un nuevo y sorprendente significado a la luz de nuestra historia desde 1888. Se convertirán en "verdad actual".

Es el plan de Dios que la verdad conduzca a su pueblo a una perfecta unidad de acción. Es mi deseo y esperanza que los principios aquí presentados contribuyan a que nos unamos todos sobre el fundamento de la verdad eterna, de tal modo que aprendamos a glorificar a nuestro Señor de forma individual y corporativa, obrando verdaderamente en armonía con su "consejo" dado en el mensaje a Laodicea. Oímos voces estridentes afirmando que no hay esperanza para la iglesia. Pero la hay, si hacemos lo que el Señor dice: "Sé pues celoso, y arrepiéntete".

El Señor ha declarado que la historia del pasado se repetirá cuando entremos en la obra final (Ellen White, MS-129, 1905; Mensajes Selectos vol. 2, 449).

Una y otra vez se me ha mostrado que las experiencias pasadas del pueblo de Dios no deben tenerse por hechos agotados. No debemos considerar el registro de esas experiencias como lo haríamos con un calendario del año pasado. El registro debe mantenerse en la mente, ya que la historia se repetirá (Ellen White, MS. D-238, 1903).

Capítulo 1—En un Callejón sin salida

Hay una preparación que se ha descuidado, y sin embargo es esencial a fin de que pueda tener lugar el derramamiento final del Espíritu Santo en la lluvia tardía. La solución a nuestro problema podría ser mucho más simple de lo que hemos supuesto. Esa preparación tan necesaria consiste en una comprensión clara del mensaje especial de Cristo a su pueblo en los últimos días: el mensaje dirigido al "ángel" de Laodicea, la séptima iglesia de Apocalipsis 2 y 3.

Si bien es cierto que "el mensaje a Laodicea... debe ir a todas las iglesias" (Testimonies, vol. 6, 77), Ellen White lo aplicó en incontables ocasiones primaria y especialmente a la denominación Adventista del Séptimo Día. Además, declaró que cuando comprendamos y aceptemos ese mensaje, "el fuerte pregón del tercer ángel" no sufrirá más demora. Reconocemos que la lluvia tardía y el fuerte pregón se han retrasado por décadas. La única conclusión posible es que debe haber algo en el mensaje a Laodicea que no hemos comprendido o recibido. Consideremos esta significativa afirmación:

Se me mostró que el testimonio a Laodicea se aplica al pueblo de Dios de la actualidad, y la razón por la que no ha cumplido una gran obra es por la dureza de los corazones... Cuando se presentó por vez primera... Casi todos creyeron que desembocaría en el fuerte pregón del tercer ángel... Está provisto a fin de despertar al pueblo de Dios, revelarle sus descarríos y llevarle a un arrepentimiento celoso, a fin de que pueda ser favorecido con la presencia de Jesús, y estar preparado para el fuerte pregón del tercer ángel (Testimonies, vol. 1, 186).

Tras haber orado por él todos estos años, si no estamos aún "preparados para el fuerte pregón", ¿no será sabio que prestemos atención al mensaje a Laodicea, a fin de averiguar la razón? Quizá no hayamos alcanzado la comprensión de "este mensaje en todas sus fases" (Ellen White, Comentario Bíblico Adventista, vol. 7, 975). ¿Es sensata nuestra suposición de comprender la profunda importancia del mensaje? Lo que sigue apunta a una experiencia que está todavía en el futuro:

El mensaje para la iglesia de Laodicea es sumamente aplicable a nosotros como pueblo. Se ha presentado ante nosotros durante mucho tiempo; pero no se le ha prestado la debida atención. Cuando la obra de arrepentimiento sea ferviente y profunda, los miembros de la iglesia comprarán individualmente las ricas mercancías del cielo (Ellen White, Comentario Bíblico Adventista vol. 7, 972-973;

MS 33, 1894).

Hay una mosca muerta en el perfume... Vuestra justicia propia produce náuseas al Señor Jesucristo. [se cita Apoc 3:15-18.] Estas palabras se aplican a las iglesias y a muchos que están en cargos de responsabilidad en la obra de Dios (Id. 974; MS 108, 1899).

Hay un profundo y misterioso lazo que relaciona el mensaje de 1888 con el llamado de Cristo a su amada Laodicea. Ellen White relacionó ambas cosas en innumerables ocasiones. Por ejemplo, consideremos esta declaración de una carta escrita en el contexto del mensaje de 1888:

Ha estado resonando el mensaje a Laodicea. Tomad este mensaje en todas sus fases y propagadlo a la gente doquiera la Providencia abra el camino. La justificación por la fe y la justicia de Cristo son los temas que deben presentarse a un mundo que perece (Id. 975; Carta 24, 1892).

Los remedios divinamente señalados para curar el orgullo laodicense son "oro afinado en fuego", "vestiduras blancas" y "colirio". Esos fueron los ingredientes esenciales del mensaje de 1888. Con el devenir de los años se hace cada vez más patente que la iglesia remanente no ha comprendido jamás claramente la dinámica de ese mensaje. ¿Se atreverá alguien a negar que la siguiente represión, dada en 1890, es aplicable hoy?:

¿Cómo pueden nuestros pastores ser representantes de Cristo, siendo que se sienten autosuficientes, siendo que por espíritu y actitud dicen: "Soy rico, estoy enriquecido y no tengo necesidad de ninguna cosa?" No debemos estar en una condición de satisfacción propia, o de lo contrario se nos describirá como siendo "cuitado, miserable, pobre, ciego y desnudo".

Desde el encuentro de Minneapolis he visto el estado de la iglesia de Laodicea como nunca antes. He oído el reproche de Dios pronunciado sobre aquellos que se sienten tan satisfechos, que no conocen su destitución espiritual... Como los judíos, muchos han cerrado sus ojos para no poder ver; pero existe un gran peligro ahora en cerrar los ojos a la luz y andar apartados de Cristo, no sintiendo necesidad de nada, tal como sucedió cuando él estuvo en la tierra...

Los que se dan cuenta de su necesidad de arrepentimiento hacia Dios y de fe en el Señor Jesucristo, tendrán contrición de alma y se arrepentirán de su resistencia al Espíritu del Señor. Confesarán su pecado de rehusar la luz que el cielo les envió tan generosamente y abandonarán el pecado que agravió e insultó al Espíritu del Señor (Review and Herald, 26 agosto 1890).

Si el mensaje a Laodicea tiene por fin que la iglesia esté "preparada para el fuerte pregón del tercer ángel" (Testimonies, vol. 6, 186), y "el estado de la iglesia de Laodicea" "desde el encuentro de Minneapolis" entraña "un gran peligro" "como nunca antes", es evidente que ante nosotros se despliega un gran campo de estudio, merecedor de la atención más esmerada. En el simple hecho de que el fuerte pregón no se haya dado como debiera, la historia señala la existencia de "verdad actual" digna de investigación. Nuestra actual preocupación por encontrar la causa real del dilatado retraso debe conducirnos a reestudiar el mensaje de Cristo a la iglesia de Laodicea.

Si nos sentimos "ricos y enriquecidos" por nuestra comprensión de la "justificación por la fe", si nos sentimos orgullosos y satisfechos de nuestro gran progreso en proclamarla al mundo, no sentiremos íntima necesidad de estudiar el mensaje a Laodicea. Pero el Testigo fiel y verdadero nos asegura que ese es precisamente nuestro mayor peligro. No darnos cuenta: ese es nuestro problema.

Por el contrario, si sentimos una gran "hambre y sed de justicia", si sentimos una profunda convicción de que la historia nos ha llevado a una situación de gran crisis espiritual y que el mensaje a Laodicea provee la clave para sacarnos del callejón sin salida en el que actualmente estamos, entonces no hay duda de que ese mensaje será reconsiderado con equidad y apertura de mente. Quizá entonces, en respuesta a la oración ferviente, el Espíritu Santo pueda impresionar a ambos, lector y escritor, llevándolos a una experiencia común de descubrimiento e iluminación. Con seguridad, tal es la voluntad de Dios para todos nosotros.

La expresión "oro afinado en fuego", la hemos entendido comúnmente como el proceso de refinamiento personal que experimentamos mediante las pruebas individuales. Esa comprensión ha ocultado la aplicación más evidente e inmediata de tal consejo, que va dirigido corporativamente a los líderes de la iglesia, es decir, "al ángel" de la iglesia.

¿Es posible que el "fuego" se refiera al "zarandeo", ese evento traumático y cataclísmico que pondrá a prueba a toda alma como ninguna otra experiencia en nuestra historia? El Testigo fiel y verdadero sitúa al "oro" en el primer lugar de la lista de remedios. ¿Será quizá porque el darnos cuenta de nuestra pobreza doctrinal y espiritual es la barrera más difícil para nuestra conciencia?

Si esta reevaluación del mensaje a Laodicea es finalmente válido, será por habernos llevado a conclusiones que implican un compromiso. ¿Sería posible que nuestro Señor nos esté recordando, cortés pero firmemente, que experimentar las oportunidades sin precedente de la lluvia tardía y el fuerte pregón va a implicar pruebas y sacrificios comparables a la purificación del oro por el fuego?

Capitulo 2. ¿A Quién se dirige el Mensaje?

El examen de Apocalipsis 3:14-21 pone en evidencia algunos factores muy importantes:

En primer lugar observamos que el mensaje no se dirige a los laicos de la iglesia, sino a sus dirigentes.

Eso contrasta con la aplicación que ha venido siendo habitual por décadas. Mientras que nosotros, los pastores, hemos rogado a nuestras congregaciones que acepten ese mensaje, viene a resultar que lo que el Señor quiere es que lo aceptemos nosotros. El mensaje viene encabezado en estos términos:

Escribe al ángel de la iglesia de Laodicea… (Apoc 3:14).

¿Cómo sabemos que el "ángel de la iglesia de Laodicea" son los dirigentes de la iglesia? Por las propias palabras del Testigo fiel y verdadero:

Las siete estrellas son los ángeles de las siete iglesias; y los siete candeleros que has visto, son las siete iglesias (Apoc 1:20).

¿A quiénes representan "las siete estrellas" que Cristo "tiene… en su diestra" (Apoc 2:1)? A los dirigentes ministeriales de la iglesia:

Los ministros de Dios están simbolizados por las siete estrellas, las cuales se hallan bajo el cuidado y protección especiales de Aquel que es el primero y el postrero. Las suaves influencias que han de abundar en la iglesia están ligadas con estos ministros de Dios, que han de representar el amor de Cristo. Las estrellas del cielo están bajo el gobierno de Dios. Él las llena de luz. Guía y dirige sus movimientos. Si no lo hiciese, vendrían a ser estrellas caídas. Así sucede con sus ministros (Obreros evangélicos, 13-14) [Ver también Los Hechos de los Apóstoles, 468].

La "corona de doce estrellas" sobre la cabeza de la mujer pura de Apocalipsis 12:1 representa a los doce apóstoles. Cuando el "cuerno pequeño" echó por tierra a parte de "las estrellas", entendemos que se refiere a los dirigentes judíos prominentes (Dan 8:10). "La estrella [que] se dice Ajenjo" entendemos referirse a Atila, dirigente de los Hunos; y "la tercera parte de las estrellas" a las que hirió en su obra depredadora, las identificamos con los dirigentes del Imperio Romano (Apoc 8:11-12).

De los dirigentes de la iglesia se dice específicamente que son "aquellos que ocupan los puestos que Dios ha señalado para la dirección de su pueblo" (Los Hechos de los apóstoles, 133). Por lo tanto, el "ángel de la iglesia de Laodicea" lo constituyen los dirigentes humanos de la iglesia, "el gran corazón de la obra", "la mayor autoridad que Dios tiene sobre la tierra" (Testimonies, vol. 3, 492). Es por lo tanto a esos líderes, a quienes el Señor Jesús dirige primariamente su trascendente mensaje a Laodicea. Si comprenden y reciben de verdad el mensaje, los ministros y laicos de la iglesia no tardarán en recibirlo también. Cabe deducir eso a partir de la siguiente declaración:

Los miembros de nuestras iglesias no son incorregibles; la falta no se debe encontrar tanto en ellos como en sus maestros. Sus pastores no los alimentan (A los hermanos en posiciones de responsabilidad, Special Testimonies, no 10, 46; 1890).

En segundo lugar, el Señor Jesús manifiesta que el obstáculo ha consistido en un pecado del que somos inconscientes.

Lo evidencian así ciertos elementos presentes en el mensaje:

• Jesús dice: "Conozco tus obras". En contraste, del "ángel de la iglesia" se dice: "no conoces". No conoce, no comprende sus "obras", se le oculta su verdadera condición, por lo tanto el mensaje le informa al respecto.

• Cuando el ángel dice "soy rico y estoy enriquecido, y no tengo necesidad de nada", es obvio que no es consciente de decir tal cosa. De hecho, en los cien largos años que han pasado desde que ese mensaje fue reconocido por nosotros como "verdad actual", jamás se ha oído a un responsable de la Iglesia Adventista jactarse en tales términos. Jesús debe estar refiriéndose al lenguaje inconfeso del corazón. Se trata de algo mucho más trascendente que lo que a primera vista parecería.

• "No conoces..." tu verdadera condición. El verbo griego no significa 'no lo sabes porque no se te ha informado, o por no haber sido enseñado'. Significa algo así como 'no conoces porque no lo has percibido' (la negación asociada a oida significa una falta de percepción, falta de relación, a lo que solemos referirnos como 'ser inconsciente de algo').

"Y no conoces" implica que escapan a nuestro conocimiento las verdades más básicas y elementales respecto a nuestra condición. Eso implica una falta de percepción, no un lapsus en la memoria consciente. No es una merma en el estado de vigilia debida a un debilitamiento físico del organismo, o causada por una depresión espiritual justificada, consecuencia de una enfermedad. Tampoco implica una falta de inteligencia. De nosotros se puede decir: "No conoces", porque hemos erigido una barrera espiritual y emocional en nuestras almas, debido a la culpa que conlleva el pecado.

Reconocer que el mensaje se dirige primariamente a los líderes de la iglesia no es de modo alguno una crítica. La observación está basada en simples hechos. No sólo eso: es una verdad que refuerza en gran manera el respeto que se debe a los dirigentes de la iglesia. El respeto por los principios de la organización de la iglesia va implícito en esa comprensión del mensaje a Laodicea. El liderazgo de la iglesia, especialmente el de la Asociación General, es extraordinariamente importante. Comprender que el "ángel de la iglesia" es primariamente el liderazgo de la Asociación General, restaura a su elevada posición el respeto por la organización de la iglesia. Lo contrario sería invitar al caos.

Por último, ese reconocimiento de ninguna manera se puede considerar la manifestación de un espíritu de crítica.

El principio de culpabilidad compartida o corporativa que en este libro se presentará, no deja ninguna posibilidad a la actitud de "yo soy más santo que tú" (Isa 65:5). Todos nosotros estamos sumidos en el problema, y la larga demora es responsabilidad de todos por igual.

Capítulo 3—¿Cómo empezó el Problema de "No Conoces"?

Cuando nuestros primeros padres pecaron en el Edén, apareció en el alma humana una profunda culpabilidad. Es tan cierto para nosotros hoy, como lo fue para Adán, ya que "en Adán todos mueren" (1 Cor 15:22). Todos nosotros hemos repetido la caída de Adán (Rom 5:12).

El primer resultado de esa culpa fue la vergüenza: "Escondióse el hombre y su mujer de la presencia de Jehová Dios entre los árboles del huerto" (Gén 3:8).

La segunda evidencia fue el temor: "[Adán] respondió: Oí tu voz en el huerto, y tuve miedo, porque estaba desnudo; y mu escondí" (vers. 9-10).

La tercera consecuencia fue la erección de una barrera, dando lugar a un estado de inconsciencia. Adán se encontró en una situación en la que le resultaba imposible reconocer su culpa y confesarla. En lugar de eso, lo que hizo fue reprimirla inmediatamente. Culpó de todo a Eva: "El hombre respondió: La mujer que me diste por compañera me dio del árbol, y yo comí" (vers. 12). La pareja culpable habría muerto entonces y allí, si hubiera sido consciente de la plena magnitud de su culpa, "porque la paga del pecado es muerte" (Rom 6:23). Cuando los perdidos comprendan finalmente la enormidad de su culpa, sufrirán la segunda muerte en cumplimiento de la advertencia del Señor a Adán y Eva según la cual, si pecaban, morirían (Gén2:17). Es importante que comprendamos que la culpabilidad asociada al pecado lleva en sí misma la penalidad de la muerte eterna, y que el hecho mismo de que nuestra vida física se prolongue en la actualidad a modo de tiempo de prueba, evidencia que existe un mecanismo inconsciente de represión que tuvo su origen en el Edén.

Así pues, la condición de "no conoces" fue una bendición, ya que permitió la continuación de la vida. Evidentemente, el propósito de Dios era dar al hombre la oportunidad de aprender el arrepentimiento y la fe en el Salvador.

La cuarta consecuencia fue el desarrollo de una enemistad contra Dios: "La mujer que [tú] me diste por compañera" ¡Adán sentía que Dios era realmente el responsable del problema! Eva compartió esa recién erigida barrera inconsciente, por cuanto tampoco ella podía aceptar ni confesar su propia culpa: "La serpiente me engañó, y yo comí" (Gén 3:13).

Desde aquel primer pecado en el Edén, la humanidad ha venido repitiendo ese siniestro patrón. A menos que el hombre tenga fe en un Salvador divino que carga con todo el peso de su culpa, el pleno reconocimiento de esta por parte del pecador significaría su muerte. En vista de eso, es un acto de misericordia el que carezcamos de un conocimiento pleno de la profundidad de nuestro pecado y culpa. Esa situación de "no conoces" podría perpetuarse por las edades sin fin, si no fuera porque Cristo tiene que volver por segunda vez, y porque el pecado ha de tener un final. ¡Por eso existe el mensaje a Laodicea!

Cuando se escondieron "el hombre y su mujer de la presencia de Jehová", se estaban escondiendo también de ellos mismos. Su recién aparecida convicción de culpabilidad no era algo a lo que su mente diese una calurosa bienvenida. Es difícil exagerar la importancia extrema del trauma producido por ese pecado y culpabilidad originales en el alma humana de ambos. Eran sencillamente incapaces de enfrentarse a sí mismos. Por alguna razón misteriosa se sintieron desnudos cada uno frente al otro y frente a Dios. Habían cambiado. Repentinamente, "Jehová Dios que se paseaba en el huerto al aire del día" se convirtió para ellos en un visitante no deseado. Hubiesen preferido que los dejase solos, que los dejase "en paz". Su presencia despertaba desagradables convicciones que de buena gana habrían querido asfixiar.

Desde entonces ha venido siendo así para todo hombre. "Como a ellos no les pareció tener a Dios en su noticia, Dios los entregó a una mente depravada" (Rom 1:28).

El conocimiento de Dios quedó reprimido porque despertaba el doloroso sentimiento de culpa que el hombre anhelaba evadir. Así fue como se ocultó en lo más profundo. Pablo alude a esa represión como reacción a la culpabilidad: "Manifiesta es la ira de Dios del cielo contra toda impiedad e injusticia de los hombres, que detienen la verdad con injusticia; porque lo que de Dios se conoce, a ellos es manifiesto; porque Dios se lo manifestó... antes se desvanecieron en sus discursos y el necio corazón de ellos fue entenebrecido" (Rom 1:18-21).

'Sí', puede alguien replicar en este punto, 'pero todo lo leído se refiere a los malvados. Esos avatares les afectan a ellos, no a nosotros. Somos cristianos nacidos de nuevo, y a diferencia de ellos no tenemos problema alguno con la culpabilidad reprimida. ¡La sangre de Cristo nos ha limpiado ya de todo eso!' Pero hay un problema: nuestro Señor, el "Testigo fiel y verdadero", dice que nosotros también tenemos un problema con el pecado no reconocido: "No conoces" tu verdadera condición, declara. Algo ha retardado la venida del Señor e impedido el fuerte pregón por décadas, por más sinceros y nacidos de nuevo que seamos.

El pecador Adán, en el Edén, incluía un elemento de "enemistad contra Dios". ¿Podría ser que nosotros, seis mil años después, conserváramos la raíz del mismo problema sin darnos cuenta? Pablo dice que "la intención de la carne es enemistad contra Dios". El pueblo de Dios tendrá ciertamente un problema mientras no esté realmente preparado para el sellamiento y el fin del tiempo de gracia. Si continuamos yendo a nuestras tumbas de la misma manera que lo han hecho incontables generaciones antes de nosotros desde el mismo Edén, lo que estamos haciendo en realidad es llevar nuestro problema a la tumba. No es hasta que el problema se haya resuelto, que el pueblo de Dios podrá estar preparado para "estar en pie en la presencia del Dios santo sin mediador" (El Conflicto de los siglos, 478). "Debe llevarse a cabo una obra especial de purificación, de liberación del pecado, entre el pueblo de Dios en la tierra" para que pueda realmente decirse que la enemistad ha desaparecido.

La latente "enemistad contra Dios" está en la raíz del problema. Es la causa por la que se necesita una "expiación final". Pero no nos apercibimos de tal necesidad. Es un pecado del que no somos conscientes. Reaccionamos como nuestro querido hermano Pedro. Años después de su bautismo y ordenación al ministerio, y tras años de discipulado bajo la dirección de Cristo mismo, las motivaciones personales de Pedro estaban todavía ocultas a su conocimiento y comprensión:

Cuando Pedro dijo que seguiría a su Señor a la cárcel y a la muerte, cada palabra era sincera; pero no se conocía a sí mismo. Ocultos en su corazón estaban los malos elementos que las circunstancias iban a hacer brotar a la vida. A menos que se le hiciese conocer [original: hiciera consciente de] su peligro, esos elementos provocarían su ruina eterna. El Salvador veía en él un amor propio y una seguridad que superarían aun su amor por Cristo... La solemne amonestación de Cristo fue una invitación a escudriñar su corazón (El Deseado de todas las gentes, 627-628).

¿Es posible expresar más claramente que el problema de Pedro radicaba en su mente inconsciente? Cuando nuestro Salvador nos contempla hoy, en la víspera de la gran prueba, ¿qué es lo que ve oculto en nuestros corazones, de lo que debemos ser "hechos conscientes"?

Cuando finalmente Pedro negó a su Señor, hizo lo que ninguno de nosotros se atrevería a repetir el día de la prueba final, cuando "los justos deben vivir sin intercesor, a la vista del santo Dios" (El Conflicto de los siglos, 672):

Pedro acababa de declarar que no conocía a Jesús, pero ahora comprendía con amargo pesar cuán bien su Señor lo conocía a él, y cuán exactamente había discernido su corazón, cuya falsedad desconocía el mismo (El Deseado de todas las gentes, 659).

Recuérdese, no obstante, que Pedro era un cristiano genuino. Había nacido de nuevo. Demos gracias a Dios porque la prueba final no haya llegado todavía, porque ¿quién de nosotros está verdaderamente "preparado"?

El pecado original de Adán y Eva representó para la cruz del Calvario lo que la bellota representa para el roble. La semilla del resentimiento contra Dios es evidente en la declaración inculpatoria hacia él pronunciada por Adán. Pero este se habría llenado de horror si hubiese comprendido plenamente el alcance de esa semilla que, tras germinar, desembocaría en el homicidio del Hijo de Dios. No habría podido resistir la revelación plena de las dimensiones reales de su culpa. La víctima sacrificada en el huerto fue para Adán una representación de la sombra de la cruz, ya que "Adán vio a Cristo prefigurado en el animal inocente que sufría el castigo de la transgresión que él había cometido contra la ley de Jehová" (Ellen White, Comentario Bíblico Adventista, vol. 6, 1095). "Temblaba al pensar que su pecado haría derramar la sangre del Cordero inmaculado de Dios. Esta escena le dio un sentido más profundo y vívido de la enormidad de su transgresión, que nada sino la muerte del querido Hijo de Dios podía expiar" (Patriarcas y profetas, 54-55). Pero la conciencia plena de su pecado y culpa le estaba velada a la pareja culpable:

Después que Adán y Eva hubieron compartido el fruto prohibido, fueron invadidos de un sentimiento de vergüenza y terror. En un primer momento, su única preocupación fue cómo excusar su pecado ante Dios, y escapar a la espantosa sentencia de muerte... El espíritu de autojustificación tuvo su origen en el padre de toda mentira, y se ha manifestado en todos los hijos de Adán (Testimonies, vol. 5, 637-638).

Afortunadamente la culpabilidad del hombre ha permanecido parcialmente inconsciente, ya que de haberse dado plena cuenta de ella, le habría acarreado la destrucción. De ahí la misericordiosa declaración del Creador: "En el día que comas de él, muriendo, habrás de morir" (Gén 2:17, Green's Literal Translation). Si Adán y Eva hubiesen sido plenamente conscientes de su culpabilidad en el Edén, eso les habría causado la muerte, tal como la causó a Cristo en la cruz. Hasta la venida de Cristo, nadie había sentido esa culpabilidad en su plenitud. Únicamente Cristo, quien no conoció pecado, tuvo un conocimiento pleno y personal de la culpabilidad de este: "Al que no conoció pecado, hizo pecado por nosotros" (2 Cor 5:21).

Muy a menudo nos está velada la auténtica razón por la que actuamos. Puesto que el reconocimiento de la verdadera motivación nos horrorizaría, "detenemos la verdad con injusticia", como dice Pablo. Podemos creer muy sinceramente que estamos actuando según un sentido de justicia, cuando la auténtica motivación puede en realidad ser la crueldad o venganza. Podemos muy sinceramente creer que actuamos impulsados por el amor, cuando puede estar moviéndonos el afán egocéntrico de ser aceptados por los demás. Podemos considerar que actuamos por un sentimiento del deber, cuando en realidad es la vanidad la que nos inspira. Podemos creer que estamos asegurados en la "justificación por la fe", cuando en realidad nos motiva una preocupación egocéntrica por la seguridad personal, lo que implica de hecho que estamos "bajo la ley", y en manifiesta ignorancia de la genuina fe que expone el Nuevo Testamento. Podemos pensar que es el amor de Cristo el que nos constriñe, siendo que ciertamente estamos faltos de "bien comprender... la anchura, la longitud, la profundidad y la altura" de ese amor, y por lo tanto, estamos en realidad viviendo para nosotros mismos, que es justamente aquello que la cruz debería hacer imposible (2 Cor 5:14-15).

Esas racionalizaciones pueden significar un poderoso autoengaño. Cuanto más ardientemente queramos protegernos de un encuentro cara a cara con nuestras auténticas motivaciones, más desesperadamente nos aferraremos a nuestras suposiciones equivocadas. Sin embargo, la realidad de ese estado de "no conoces" no es algo tan recóndito como para que no podamos reconocer que está ahí. Podremos vislumbrarlo rápidamente si nos examinamos con sinceridad y aceptamos la Palabra de Dios cabalmente y sin reservas.

El colmo del autoengaño se produce, desde luego, cuando el pueblo de Dios, especialmente sus dirigentes, creen estar motivados por un sano deseo de preservar "la nación", crucificando a Cristo por la motivación real de una "enemistad contra Dios" no reconocida. Aquí cabe también decir: "No saben lo que hacen" (Luc 23:34). Siglos después llega el triste día en que los dirigentes del pueblo de Dios, creyéndose sinceramente motivados por "mantenerse en los antiguos hitos" y preservar el "mensaje de los tres ángeles", rechazan el comienzo de la lluvia tardía y el fuerte pregón. En 1888, una vez más, "no saben lo que hacen".

Habiendo pasado décadas desde entonces, nos amenaza otra forma de autoengaño. Interpretamos los bautismos en masa, en los países del tercer mundo, como una evidencia de que hemos aceptado la una vez rechazada lluvia tardía, y que por lo tanto nuestra condición espiritual es satisfactoria. Una vez más, pues, nos jactamos de que "soy rico y estoy enriquecido [crecimiento de la membresía]... y no tengo necesidad de ninguna cosa".

No obstante, de acuerdo con el mensaje a Laodicea, el Salvador debe seguir orando por nosotros en estos términos: "Padre, perdónalos, porque no saben lo que hacen".

Hemos visto que fue en ocasión de la caída cuando se erigió esa barrera de culpabilidad no reconocida. ¿Existió una cosa tal en Cristo, al tomar nuestra humanidad? Habiendo sido hecho "en semejanza de carne de pecado", ¿desarrolló también él esa barrera que nos oculta la realidad de nuestra auténtica culpa?

No. En él no existía una barrera tal, "porque él conocía a todos, y no tenía necesidad que alguien le diese testimonio del hombre; porque él sabía lo que había en el hombre" (Juan 2:24-25). Ninguno lo ha "conocido" como él hasta la plena profundidad. A lo largo de todo su ministerio experimentó el peso de ese doloroso conocimiento:

Viendo Jesús sus pensamientos, dijo: ¿Por qué pensáis mal en vuestros corazones? (Mat 9:4).

Jesús, como sabía los pensamientos de ellos... (Mat 12:25).

Mas él sabía los pensamientos de ellos... (Luc 6:8).

En diversas ocasiones lo vemos advirtiendo a sus discípulos más fieles respecto a que no conocían sus propios corazones. "No sabéis lo que pedís" (Mat 20:22). Cuando Santiago y Juan quisieron hacer descender fuego del cielo a modo de retribución sobre los infelices samaritanos, cuyos prejuicios les habían hecho rechazar a Jesús, creían sinceramente estar motivados por un justo celo. En una declaración paralela a aquella que hace al ángel de la iglesia de Laodicea, Jesús les protestó: "No sabéis de qué espíritu sois" (Luc 9:55). Como nosotros mismos, aquellos bondadosos apóstoles, sin duda los mejores hombres del mundo, eran víctimas del desconocimiento que tenían acerca de ellos mismos, "sin percibir que habían cambiado de dirigente" (Mensajes selectos vol. 3, 19), por emplear esa frase acuñada por Ellen White.

Verdaderamente, "engañoso es el corazón [humano] más que todas las cosas, y perverso; ¿quién lo conocerá?" (Jer 17:9). Sólo Cristo puede conocerlo plenamente: y esa profundidad de nuestro pecado que él conoció, le causó finalmente la muerte en la cruz del Calvario. Ninguna barrera de misericordia protegió su consciencia de nuestro pecado. "Al que no conoció pecado, hizo pecado por nosotros" (2 Cor 5:21).

Capitulo 4—Historia Sagrada de la Culpabilidad Oculta

La existencia de culpabilidad reprimida, no reconocida, es un hecho a lo largo de toda la Biblia.

1. Como claro ejemplo de las engañosas motivaciones inconscientes anteriormente mencionadas, examinemos nuevamente la propia crucifixión de Cristo.

Los dirigentes judíos eran patéticamente sinceros al reconocer que la existencia misma de "la nación" requería que Jesús muriese. Caifás dijo: "Ni pensáis que nos conviene que un hombre muera por el pueblo, y no que toda la nación se pierda. Mas esto no lo dijo de sí mismo" (Juan 11:50-51).

Esos hombres sabían muy bien que estaban crucificando a un hombre inocente. Lo que "no sabían" es que estaban dando rienda suelta a su inconsciente "enemistad contra Dios", oculta bajo la superficie del corazón carnal de todo ser humano. Sus palabras y acciones estaban motivadas por una fuerza interior desconocida para ellos. Y todos participamos del mismo problema:

Esa oración de Cristo por sus enemigos abarcaba al mundo. Abarcaba a todo pecador que hubiera vivido desde el principio del mundo o fuese a vivir hasta el fin del tiempo. Sobre todos recae la culpabilidad de la crucifixión del Hijo de Dios (El Deseado de todas las gentes, 694).

Pablo coincide en considerar el pecado de crucificar a Cristo como uno de desconocimiento: "Si la hubieran conocido, nunca hubieran crucificado al Señor de gloria" (1 Cor 2:8).

Como en el caso de los dirigentes judíos, la humanidad de nuestros días no es consciente de esa culpa. Pero el pecado de aquellos es también el nuestro, por la sencilla razón de que todos compartimos la misma humanidad. Todos somos "miembros del cuerpo".

Recordemos todos que todavía estamos en un mundo donde Jesús, el Hijo de Dios, fue rechazado y crucificado, un mundo en el que todavía permanece la culpa de despreciar a Cristo y preferir a un ladrón antes que al Cordero inmaculado de Dios. A menos que individualmente nos arrepintamos ante Dios de la transgresión de su ley, y ejerzamos fe en nuestro Señor Jesucristo, a quien el mundo ha rechazado, estaremos bajo la plena condenación merecida por aquellos que eligieron a

Barrabás en lugar de Jesús. El mundo entero está acusado hoy del rechazo y asesinato deliberados del Hijo de Dios (Testimonios para los ministros, 38).

Si rechazamos esa verdad inequívoca estamos preparando el relevo para otra generación. El orgullo espiritual intenta evadir tal reconocimiento: '¡Imposible!, nunca podría hacer tal cosa', podemos insistir en decir. Esa fue precisamente la orgullosa pretensión de quienes rechazaron el comienzo del fuerte pregón (Review and Herald, 11 abril 1893).

En el despliegue final de la historia quedará expuesta la culpabilidad del mundo, de tal forma que todos puedan verla por fin. Cuando el mundo se una para exterminar al pueblo de Dios con ocasión del decreto final, esa mente inconsciente de maldad será manifestada en su plenitud. El Espíritu Santo ya no será un poder que refrene. Todo el odio contra el pueblo de Dios lo será en realidad contra Cristo, una pasmosa exhibición del mismo odio inconsciente que se manifestó en el Calvario. "Para que toda boca se cierre, y todo el mundo sienta su culpa ante Dios" (Rom 3:19).

La dolorosa verdad desvelada por el mensaje del Testigo fiel y verdadero "al ángel de la iglesia en Laodicea" es que nuestro pecado hoy, comparte una culpabilidad equivalente a la que operó en los judíos del tiempo de Jesús. Consiste en impedir el derramamiento de la lluvia tardía. Bajo la superficie se oculta una "mente carnal" que "es enemistad contra Dios". A lo largo de décadas, esa enemistad no reconocida contra Dios ha frustrado nuestros mejores esfuerzos conscientes para adelantar la venida del Señor.

Obviamente, sólo el "borramiento de los pecados" llevado a cabo en el día de la expiación puede limpiarnos hasta ese profundo nivel de pecado no reconocido. Cuando esa obra se realice, esa que es hoy una expresión misteriosa: "la expiación final", será más plenamente apreciada. Ningún proceso mágico cumplirá tal obra, sino que los pecados no conocidos serán plenamente expuestos ante nuestro conocimiento y nos arrepentiremos de ellos sin tardanza. Pero eso no es posible a menos que juntamente con la abierta revelación de nuestro pecado, "sobreabunde" la comprensión de lo que realmente significa la gracia. De aquí la necesidad de una comprensión mayor que nunca antes del evangelio: la justicia por la fe. Sanados totalmente de la "enemistad", la "expiación" se hará eficaz, o "final". Se tratará verdaderamente de una reconciliación final.

2. Mucho antes del Calvario, Jesús les señaló a sus enemigos su pecado inconsciente:

Por eso les hablo por parábolas; porque viendo no ven, y oyendo no oyen, ni entienden. De manera que se cumple en ellos la profecía de Isaías, que dice: De oído oiréis y no entenderéis y viendo veréis, y no miraréis [oida: ser consciente]. Porque el corazón de este pueblo está engrosado, y de los oídos oyen pesadamente, y de sus ojos guiñan: para que no vean de los ojos, y oigan de los oídos, y del corazón entiendan, y se conviertan, y yo los sane (Mat 13:13-15).

Marcos, en lugar de la última frase, añade: "Porque no se conviertan, y les sean perdonados los pecados" (Mar 4:12). Así pues, el asunto que no "entienden" [oida] resulta ser sus pecados. La Agencia divina encargada de traer a la conciencia el pecado que permanecía oculto, es el Espíritu Santo. "Cuando él venga convencerá al mundo de pecado, de justicia y de juicio" (Juan 16:8). Es imposible que el pecado sea borrado, a menos que el Espíritu Santo imparta conciencia del mismo. Es por eso que no hay tal cosa como una puesta a cero automática al tocar la tecla mágica: 'Señor, perdóname de todos mis pecados', sin que esos pecados acudan a nuestra conciencia.

A.T. Jones, uno de los agentes usados por el Señor para comunicar a su pueblo el "comienzo" de la lluvia tardía en 1888, insistió en que los pecados ocultos en el corazón humano deben ser traídos a nuestra conciencia antes de poder ser borrados. Las "buenas nuevas" consisten en que el Señor hará esa obra si se lo permitimos:

Algunos de los hermanos aquí presentes han hecho ahora eso mismo. Llegaron aquí en libertad; pero el Espíritu de Dios trajo a la luz algo que nunca antes habían visto. El Espíritu de Dios fue más profundamente que nunca antes, revelando cosas que no se habían visto con anterioridad; y entonces, en lugar de agradecer al Señor que eso sea así a fin de expulsar todo ese mal... empezaron a desanimarse...

Si el Señor nos ha mostrado pecados en los que nunca antes habíamos puesto la atención, lo único que eso muestra es que está avanzando hasta lo más profundo, y llegará finalmente hasta el fondo; y cuando encuentra la última cosa que es impura o sucia, es decir, en desacuerdo con su voluntad, y la trae a nuestro conocimiento, y decimos: 'Prefiero al Señor que a eso', entonces la obra está completa y puede ponerse sobre el carácter el sello del Dios vivo [Congregación: 'Amén'].

Esa es la bendita obra de la santificación, y sabemos que esa obra de santificación está avanzando en nosotros. Si el Señor quitase nuestros pecados sin nuestro conocimiento, ¿qué bien nos haría eso? Significaría simplemente convertirnos en máquinas. No es ese su propósito, de forma que quiere que sepamos cuándo son expulsados nuestros pecados a fin de que podamos saber cuándo viene su justicia. Lo tenemos a él si nos entregamos (General Conference Bulletin, 1893, 404).

En relación con lo anterior, leemos de la pluma de Ellen White:

La ley de Dios llega hasta los sentimientos y los motivos, tanto como a los actos externos. Revela los secretos del corazón proyectando luz sobre cosas que antes estaban sepultadas en tinieblas. Dios conoce cada pensamiento, cada propósito, cada plan, cada motivo. Los libros del cielo registran los pecados que se hubieran cometido si hubiese habido oportunidad... Dios tiene una fotografía perfecta del carácter de cada hombre, y compara esa fotografía con su ley. Él revela al hombre los defectos que echan a perder su vida, y lo exhorta a que se arrepienta y se aparte del pecado (Ellen White, Comentario Bíblico Adventista, vol. 5, 1061).

Esas "cosas que antes estaban sepultadas en tinieblas", está claro que no son "pecados conocidos" ocultados intencionadamente a los demás. Se dice que consisten en "los pecados que se hubieran cometido si hubiese habido oportunidad". Por lo tanto, son pecados que no han sido propiamente "cometidos" en el sentido de acto externo visible. Obedecen a "propósitos" y "motivos" sepultados en lo profundo del corazón. ¿Cómo puede tener lugar el borramiento final de los pecados si esas cosas no afloran nunca al conocimiento? Ese es el corazón del mensaje a Laodicea, y esa es la razón por la que concluirá con "el fuerte pregón del tercer ángel" una vez que haya sido comprendido y gozosamente recibido tal como el Señor dispone que lo sea.

3. Así, hay dos factores importantes que condicionan el "borramiento de los pecados": (1) el que los pecados sean traídos a la plena consciencia; y (2) una nueva apreciación de la cruz, que hace posible dicha experiencia.

Si eliminamos la expiación efectuada en la cruz, el resultado es que ningún pecado puede ser perdonado, y mucho menos "borrado". La gran profecía de Zacarías tiene indudable relación con el "borramiento de los pecados", ya que se refiere al "pecado y la inmundicia". Esa profecía está aún pendiente de cumplimiento:

Derramaré sobre la casa de David [los dirigentes de la iglesia], y sobre los moradores de Jerusalem [la iglesia], espíritu de gracia y de oración; y mirarán a mí, a quien traspasaron, y harán llanto sobre él, como llanto sobre unigénito, afligiéndose sobre él como quien se aflige sobre primogénito. En aquel día habrá gran llanto en Jerusalem... En aquel tiempo habrá manantial abierto para la casa de David y para los moradores de Jerusalem, para el pecado y la inmundicia (Zac 21:10 y 13:1).

Esa profecía hallará un cumplimiento parcial en la experiencia de aquellos que crucificaron materialmente a Cristo en su primera venida, al producirse su resurrección especial (El Deseado de todas las gentes, 533). Sin embargo, a estos no se les puede aplicar la limpieza del "pecado e inmundicia" que tiene lugar al contemplar a Cristo crucificado con espíritu contrito. Por lo tanto, es de esperar que el Espíritu Santo sea "derramado" sobre los dirigentes de la iglesia y sobre la iglesia, en base a una nueva visión de Cristo crucificado, en relación con nuestra propia participación en el crimen.

El "espíritu de gracia y de oración (súplica)" no puede ser otro que el Espíritu Santo, quien "conforme a la voluntad de Dios, demanda por los santos" (Rom 8:27). En su obra de glorificar a Cristo (Juan 16:14), el Espíritu traerá a los corazones un nuevo sentido de la unidad con Cristo. Será una devoción por él, mayor que el amor de un padre por su hijo único. Eso hará posible una motivación totalmente nueva, que permitirá acabar la obra: no nuestro interés por ir al cielo, sino por la vindicación de Cristo a fin de que él reciba su recompensa.

¿Es esa culpabilidad por haber "traspasado" a Cristo, algo de lo que "la casa de David" o "los moradores de Jerusalem" hayan sido conscientes? Evidentemente no. Solamente en virtud del "derramamiento" del Espíritu puede ser expuesto a la luz. Cuando el Señor dice "mirarán a mí, a quien traspasaron", está claro que ni su conocimiento ni su participación en ese pecado han sido para ellos evidentes con anterioridad.

Si leemos Testimonios para los ministros en las páginas 91 a 96, reconoceremos que la exaltación de Cristo en el mensaje de 1888 podría haber cumplido la profecía de Zacarías si el mensaje hubiese sido aceptado por "la casa de David". Es cierto que en nuestros días esa verdad no es todavía claramente comprendida por nuestro cuerpo ministerial ni por nuestro pueblo. La profecía de Zacarías pertenece todavía al futuro, y también la "purificación" final en relación con el "derramamiento" del Espíritu. Cuando este venga, no se encargará solamente del "pecado" sino también de la "inmundicia".

Antes de considerar la naturaleza inconsciente del problema de raíz que aflige a Laodicea, antes de considerar cómo la enemistad contra Dios ha sido y sigue siendo la barrera que impide el derramamiento del Espíritu Santo, vayamos una vez más a nuestras Biblias para considerar atentamente la realidad del problema del pecado no reconocido.

Capítulo 5—Verdadera Purificación de toda Maldad

A algunos les cuesta aceptar que la iglesia tenga un problema tan serio como el descrito. Consideran que de acuerdo con 1 Juan 1:9, "si confesamos nuestros pecados, él es fiel y justo para que nos perdone nuestros pecados, y nos limpie de toda maldad", y oran: 'Señor, perdónanos todos nuestros pecados', suponiendo que esa fórmula mágica, cada vez que se la repite en oración, pone a cero el contador. Les resulta casi imposible aceptar que en el registro quede todavía algo que "no conocen".

Si entendemos el perdón de los pecados solamente en términos de preparación para la muerte y la resurrección, no tenemos gran necesidad de preocuparnos acerca de nuestro pecado desconocido, aquel que sigue latente bajo la superficie. Pero estamos viviendo en el tiempo de la purificación del santuario. Desde 1844 se ha venido realizando una obra nueva y diferente, una obra de purificación, restauración, limpieza y vindicación. No nos preocupa solamente estar preparados para morir, sino que nuestro interés se centra en estar preparados para la traslación. Se debe efectuar una obra más minuciosa y profunda que la de cualquier generación precedente. La lluvia tardía madura el grano para la siega, y "la siega es el fin del mundo" (Mat 13:39). Por consiguiente, la lluvia tardía ha de significar preparación para la traslación.

Para comprender correctamente el mensaje a Laodicea, por lo tanto, debemos comprender, mediante el estudio de la Biblia, cómo el pecado no reconocido ha sido un constante problema que ha afectado al pueblo de Dios desde la antigüedad.

1. Muchas declaraciones bíblicas pierden su significado, de no referirlas a ese pecado desconocido.

Dice Jeremías: "Engañoso es el corazón más que todas las cosas, y perverso; ¿quién lo conocerá?" (Jer 17:9). Se diría que Pablo tenía presente ese pensamiento cuando señaló que "la intención de la carne es enemistad contra Dios". Y esa "enemistad" que está en el terreno de lo engañoso, "¿quién la conocerá?" La mente se protege ocultando a nuestra conciencia las verdaderas motivaciones. En el siguiente versículo (Jer 17:10) leemos: "Yo Jehová, que escudriño el corazón, que pruebo los riñones". "Riñones" constituye una expresión del habla hebrea difícil de explicar, de no referirse a las motivaciones inconscientes del corazón.[1]

"El Dios justo prueba los corazones y los riñones" (Sal 7:9). "Tú poseíste mis riñones... Examíname, oh Dios, y conoce mi corazón: Pruébame y reconoce mis pensamientos: y ve si hay en mí camino de perversidad" (Sal 139:13 y 23-24). "Pruébame, oh Jehová, y sondéame: examina mis riñones y mi corazón" (Sal 26:2).

Jeremías pide al Señor que vindique sus verdaderos motivos: "Oh Jehová de los ejércitos, que juzgas justicia, que sondas los riñones... porque a ti he descubierto mi causa" (Jer. 11:20).

Ese asunto del descubrimiento de las motivaciones ocultas del corazón trasciende al Nuevo Testamento. Debido a que el Señor es el único que "escudriña los riñones y los corazones", es él quien dará "a cada uno de vosotros según sus obras" (Apoc 2:23). Así, cuando el Señor dice posteriormente a Laodicea "conozco tus obras", está claro que ese mensaje a Laodicea se trata también de un "escudriñar los corazones y los riñones", un esclarecimiento de las "cosas que antes estaban sepultadas en tinieblas", por tomar prestada la frase de Ellen White citada anteriormente (Comentario Bíblico Adventista vol. 5, 1061).

Hemos considerado ya cómo Cristo no tuvo el mismo problema que alberga nuestra mente inconsciente.[2] Isaías dice de él:

Reposará sobre él el espíritu de Jehová; espíritu de sabiduría y de inteligencia, espíritu de consejo y de fortaleza, espíritu de conocimiento y de temor de Jehová. Y le hará entender diligente en el temor de Jehová. No juzgará según la vista de sus ojos, ni argüirá por lo que oyeren sus oídos... Y será la justicia ceño de sus lomos, y la fidelidad ceñidor de sus riñones (Isa 11:2-5).

Cristo no conoció ninguna represión de la culpabilidad. Se tuvo ante el Padre con "fidelidad", lo ciñó "la justicia". Sus motivaciones eran puras y transparentes.

Eso no es más que un anuncio de la clase de personas que reunirá el mensaje del tercer ángel, ya que ellos también tendrán "la fe de Jesús"; no meramente la fe en Jesús, sino la misma clase de fe que Jesús tuvo, la fe de Jesús. Esa es la profunda experiencia que se ofrece a la iglesia de Laodicea: fe, discernimiento espiritual y la justicia de Cristo, si se abre la puerta a la que llama el Testigo fiel (Donald K. Short,

---

[1] Los "riñones", es una expresión tanto hebrea como del griego neotestamentario. Para los antiguos, relativamente desconocedores de la fisiología humana, los riñones representaban las profundidades desconocidas de los sentimientos y emociones. En The Expositor's Greek New Testament vol. 5, 361-362 leemos: "Yo conozco los abismos", "discierno los corazones y escudriño los riñones" eran títulos que los antiguos egipcios daban a los seres divinos. Ese conocimiento íntimo del hombre va más allá de la apariencia superficial... El conocimiento divino de la vida real –secreta– del hombre, está en la base del juicio infalible, imparcial [que se atribuía a los dioses].

[2] (N. del T.): "Nunca hizo él maldad, ni hubo engaño en su boca" (Isa 53:9). "¿Quién de vosotros me redarguye de pecado?" (Juan 8:46).

A Study of the Cleansing of the Sanctuary in Relation to Current Denominational History [Estudio de la purificación del santuario en relación con la historia denominacional actual], Potomac University Master's Thesis, no publicada, 1958, 46).

2. David oró: "Los errores, ¿quién los entenderá? Líbrame de los que me son ocultos" (Sal 19:12).

Evidentemente, David no se está refiriendo a faltas que el pecador conoce y oculta a los demás. De ser así, su oración habría sido: 'Entendemos nuestros errores'. Indudablemente, aquí se está refiriendo a errores de los que el mismo pecador no es consciente.

Se trata de pecado no apercibido.

3. Moisés oró: "Pusiste nuestras maldades ante ti, nuestros pecados ocultos, a la luz de tu rostro" (Sal 90:8).

¿Cuáles son esos pecados ocultos? ¿Son acaso pecados de los que nosotros tenemos conocimiento, pecados que ocultamos de la vista de los demás? ¿O bien son pecados de los que somos inconscientes? No pueden ser pecados que conocemos y hemos confesado, ya que esos no son puestos "ante ti... a la luz de tu rostro", sino que todos esos pecados "echaste tras tus espaldas", "en los profundos de la mar" (Isa 38:17; Miq 7:19). Tiene que tratarse de pecados que no han sido confesados; y en el contexto de la oración de Moisés, son aquellos que escapan a nuestro conocimiento.

Moisés describió vívidamente la forma en la que esa represión inconsciente opera en todo pecador desde la caída: "Con tu furor somos consumidos, y turbados con tu ira... Todos nuestros días declinan a causa de tu ira, acabamos nuestros años como con un suspiro. Los días de nuestra edad son setenta años" (Sal 90:7-11). Nuestros días pasan en un conflicto constante con la culpabilidad no reconocida. El Espíritu Santo está constantemente procurando que despertemos a ella. Si aceptamos de buen grado cada nueva y más profunda revelación del pecado que antes ignorábamos y somos prontos en confesarlo, la obra de purificación progresa. Pero esa obra en beneficio del cuerpo de la iglesia en su conjunto, ha sido resistida y retardada por décadas. El mensaje del Testigo fiel y verdadero sigue insistiendo: "No conoces".

Ellen White comprendió el problema de las motivaciones inconscientes. En 1906 escribió un artículo en Review and Herald sobre el tema, haciendo una exposición bíblica detallada del problema. Discernió el hecho de que Saulo de Tarso, aunque era sincero, no conocía su propio corazón, y señaló que era desconocido para él mismo. El artículo, en esencia, demuestra el reconocimiento de que ese es el gran problema que enfrenta el hombre, y que solamente el ministerio de Cristo en el santuario provee la solución:

Hermanos, día y noche, especialmente en la noche, se presenta ante mí este asunto: "Tekel; pesado has sido en balanza, y has sido hallado falto" ¿Cómo estamos ante Dios en este tiempo? Podemos ser sinceros, y sin embargo estar grandemente engañados. Saulo de Tarso era sincero cuando perseguía la iglesia de Cristo: "Yo ciertamente había pensado deber hacer muchas cosas contra el nombre de Jesús de Nazaret". Era sincero en su ignorancia... Sabemos que no hay ni aun uno, por más fervor con el que esté procurando cumplir con su deber, que pueda decir 'no tengo pecado'... ¿Cómo pues escaparemos a la sentencia: "Pesado has sido en balanza, y has sido hallado falto"? Debemos mirar a Cristo. Él convino, a un precio infinito, en ser nuestro representante en las cortes celestiales, nuestro abogado ante Dios.

...pesado y hallado falto, es nuestra inscripción por naturaleza... Que cada uno, joven o viejo, sea sincero consigo mismo, no sea que caiga en las tinieblas cometiendo graves errores y cooperando en que otros los cometan (Review and Herald, 8 marzo 1906).

La primera parte del artículo es virtualmente un estudio bíblico sobre el tema de la mente inconsciente. Cita a Ana, madre de Samuel: "El Dios de todo saber es Jehová, y a él toca pesar todas las acciones" (1 Sam 2:3). Salomón comprendió cuán engañados podemos estar: "Todos los caminos del hombre son limpios en su opinión, mas Jehová pesa los espíritus" (Prov 16:2). David discernió el problema: "Los hombres son apenas un soplo, tanto el pobre como el rico. Si se pesaran todos juntos en balanza, pesarían todos menos que un soplo" (Sal 62:9). Ellen White continúa entonces así:

Es por el interés eterno de uno mismo que debe escudriñarse el propio corazón, así como desarrollar toda facultad dada por Dios. Recuerden todos que no hay una sola motivación en el corazón de hombre alguno, que Dios no vea claramente... Necesitamos estar conectados con el poder divino a fin de tener más y más de la clara luz y comprender cómo razonar de causa a efecto. Necesitamos cultivar los poderes del entendimiento, siendo participantes de la naturaleza divina, habiendo huido de la corrupción que está en el mundo por concupiscencia... No existe un designio, por más intrincado que sea, ni una sola motivación, por más celosamente que se oculte, que él no comprenda claramente (Id.)

4. Hazael provee un ejemplo llamativo de pecado no manifiesto.

Le resultaba imposible admitir que era capaz de perpetrar las barbaridades que el profeta Eliseo sabía que era capaz de cometer: "Sé el mal que has de hacer a los hijos de Israel: a sus fortalezas pegarás fuego, a sus mancebos matarás a cuchillo, estrellarás a sus niños y abrirás a sus preñadas. Y Hazael dijo: ¿Por qué? ¿Es tu siervo perro, que hará esta gran cosa?" (2Rey8:12-13). Hazael era sinceramente inconsciente de cuanto había oculto en su propio corazón. De igual forma, nosotros somos inconscientes de nuestras auténticas motivaciones, excepto por la convicción del Espíritu Santo. Obsérvese lo siguiente:

Si alguno les hubiese dicho [a los juzgadores de faltas ajenas] que a pesar de su celo y trabajo para corregir a los otros se habían de encontrar, a la larga, en una situación semejante de tinieblas, habrían dicho, como le dijo Hazael al profeta: "¿Es tu siervo perro, que hará esta gran cosa?" (Joyas de los Testimonios vol. 1, 480).

Si cuando Acán sucumbió a la tentación se le hubiera preguntado si pretendía traer la derrota y la muerte al campamento de Israel, habría contestado: "¡De ninguna manera!, ¿es tu siervo perro, que hará esta gran maldad?" Pero... fue más lejos de lo que se había propuesto en su corazón. Es exactamente de esa forma en la que los miembros individuales de la iglesia van deslizándose imperceptiblemente hasta... traer el desagrado de Dios sobre la iglesia (Testimonies vol. 4, 492-493).

Recuérdese: lo mismo que en la crucifixión de Cristo, es la motivación lo que permanece oculto, no necesariamente el acto externo. Cuando evaluamos cuán a menudo la sierva del Señor relaciona la inconsciencia del pecado de nuestros hermanos, quienes rechazaron el comienzo de la lluvia tardía en la asamblea de 1888 y después, con el pecado de aquellos que rechazaron a Cristo, comenzamos a sentir cuán terribles son las consecuencias del pecado no consciente que el Testigo fiel y verdadero intenta hacernos ver. ¿Durante cuántas décadas hemos sido responsables de retardar el fuerte pregón? Durante todo este tiempo hemos creído estar motivados por un deseo de adelantar su venida, cuando en realidad ¡la hemos estado retardando!

5. Otro ejemplo clásico de pecado no reconocido es la experiencia de Ezequías (2 Rey 20 y 21).

Había sido un buen rey; tanto, que de haber dicho 'Amén' al mensaje que el Señor le envió: "Dispón de tu casa, porque has de morir, y no vivirás", probablemente habría pasado a la historia sagrada como el mejor rey que jamás tuviera el pueblo de Dios. No era consciente de las raíces ocultas del mal que yacían latentes en lo desconocido de su corazón. Oró: "Te ruego, oh Jehová, te ruego hagas memoria de que he andado delante de ti en verdad e íntegro corazón, y que he hecho las cosas que te agradan. Y lloró Ezequías con gran lloro" (2 Rey 20:3). ¡Pero su corazón no era íntegro! Cuando le fueron añadidos quince años de vida, vino a ser víctima de las motivaciones egoístas inconscientes y malogró todo el bien que había conseguido en el anterior período de su vida. Engendró y educó al malvado Manasés.

Jeremías hizo un juicio retrospectivo de la última era de su reinado: La caída de la nación de Judá se produjo "a causa de Manasés hijo de Ezequías rey de Judá, por lo que hizo en Jerusalem" (Jer 15:4). Todo el mal que Ezequías hizo en esos últimos quince años estaba ya latente en su corazón, antes de sobrevenirle aquella enfermedad. "Los libros del cielo registran los pecados que se hubieran cometido si hubiese habido oportunidad" (Ellen White, Comentario Bíblico Adventista vol. 5, 1061).

Como el buen rey Ezequías, intentamos vernos (e intentamos mostrarnos a los demás) como si estuviésemos sirviendo al Señor con "íntegro corazón". Hemos malentendido durante tanto tiempo 1 Juan 1:9, que dudamos en aceptar la posibilidad de la existencia de un reservorio inconsciente de pecado, tras habernos "convertido". 'Hemos confesado nuestros pecados' –insistimos–, por lo tanto, 'el Señor habrá sido fiel y justo para limpiarnos de toda maldad. No hay pecado del que no hayamos sido limpiados'. Lo que no hemos comprendido es que el Señor no nos puede limpiar de ninguna maldad que todavía no hayamos reconocido y confesado de manera inteligente.

En el caso de Ezequías, "Dios lo dejó, para probarlo, para hacer conocer todo lo que estaba en su corazón" (2 Crón 32:31). La inspiración dice que será igual para los santos, en los últimos días. "Deberán estar en pie en la presencia del Dios santo sin mediador" (El Conflicto de los siglos, 478 y 672). Hay un paralelismo exacto con el caso de Ezequías. Pero los santos no se podrán permitir entonces el desvarío de Ezequías, ya que "si fuesen reconocidos indignos de perdón y hubiesen de perder la vida a causa de sus propios defectos de carácter, entonces el santo nombre de Dios sería vituperado" (Id. 677).

La vindicación de Dios, y por lo tanto la triunfante conclusión de "la gran controversia entre Cristo y Satanás" depende para su éxito de aquello en lo que Ezequías fracasó. ¿Permitirá Dios que la prueba sobrevenga antes de que estemos preparados para ella?

Ezequías descansando en su tumba, es el tipo de millares de "buena" gente que murió ya. Sirvieron consciente y sinceramente al Señor de acuerdo con su mejor conocimiento y comprensión. Pero, como Ezequías, ninguna generación comprendió jamás el pleno potencial de su corazón, la enemistad inconsciente contra Dios que subyace bajo la superficie. Ninguno de entre ellos debió resistir la prueba de tener que "estar en pie en la presencia del Dios santo sin mediador". Eso es así porque ninguno de ellos recibió "la expiación final", lo único capaz de remediar el problema de la enemistad no percibida contra Dios. La expresión "expiación final" no debiera ser relegada al trastero adventista, a modo concepto equivocado, sólo excusable en nuestros inocentes pioneros. Aparece más bien frecuentemente, y cargada de significado, en los escritos de Ellen White. Hay asimismo sólida evidencia de que la Escritura sostiene ese concepto, incluido en el abarcante tema de la purificación del santuario.

Obsérvese que ninguna generación del pueblo de Dios ha recibido todavía la "expiación final". El hecho de que haya habido unos pocos individuos trasladados, como Enoc o Elías, puede indicar que esa experiencia haya sido conocida aisladamente por algunos, en anteriores generaciones.

Capítulo 6—Historia Denominacional y Mensaje a Laodicea

Volvamos ahora a las palabras que el Señor dirige "al ángel de la iglesia en Laodicea". Dios asume con razón que deberíamos haber aprendido de la historia, y que en nuestra generación estamos dispuestos a recibir la lección culminante y preparatoria para el final del tiempo:

He aquí dice el Amén, el testigo fiel y verdadero... Yo conozco tus obras... Porque tú dices: Yo soy rico y estoy enriquecido, y no tengo necesidad de ninguna cosa; y no conoces que tú eres un [el] cuitado y miserable y pobre y ciego y desnudo (Apoc 3:14-17)

Todavía no conocemos nuestras propias "obras", nuestra historia. De hecho, nuestra historia, tal como la ve el universo celestial, desenmascara nuestra verdadera condición en tanto que el "cuitado y miserable y pobre y ciego y desnudo" de entre las siete iglesias. Obsérvese el empleo del artículo ho, "el...". No somos simplemente "cuitados, miserables, pobres, ciegos y desnudos", sino que somos, de entre todas las siete iglesias, los cuitados, los miserables, los pobres, los ciegos y los desnudos).

¿Cuál es nuestra verdadera historia? Por incómodo que pueda resultar su estudio, debemos abordarlo con verdad y sinceridad. Se han prodigado intentos persistentes por identificar el "ellos" de las declaraciones siguientes, con 'una pequeña minoría'. Lamentablemente, el amplio contexto de los escritos de Ellen White sobre el tema, los identifica con el grueso de los responsables de la dirección de la iglesia, "el ángel de la iglesia en Laodicea":

Todo el universo celestial presenció el ignominioso trato dado a Jesús, representado por el Espíritu Santo. Si Cristo hubiese estado ante ellos, lo hubiesen tratado de forma similar a como lo trataron los judíos (The Ellen G. White 1888 Materials, 1497; también Special Testimonies, Series A, No 6, 20)

Leemos esa declaración con horror. ¿Puede ser cierta? ¿Cómo pudo suceder cosa tan terrible? 'No puede ser... Alguien distorsiona el asunto', intentamos decirnos ante esa y otras declaraciones similares. 'Alguien encontrará alguna otra declaración que anule la anterior', esperamos ansiosamente. ¡Nos resulta tan difícil afrontar ese hecho, como lo fue para Adán y Eva asumir su verdadera culpabilidad en el Edén! Pero, aunque nosotros podamos resistirnos a reconocerlo, "todo el universo celestial presenció el ignominioso" hecho.

¿Qué dicen los libros del cielo a propósito de ese pecado? De acuerdo con la página 1061 del vol. 5 del Comentario Bíblico Adventista, "los libros del cielo registran los pecados que se hubieran cometido si hubiese habido oportunidad" (Ellen White). ¿Qué habrían hecho nuestros hermanos "si Cristo hubiese estado ante ellos" en 1888? Está escrito en términos inequívocos: "Lo hubiesen tratado de forma similar a como lo trataron los judíos". Puesto que "los libros del cielo registran los pecados que se hubieran cometido si hubiese habido oportunidad", resulta claro que registran cómo nuestros hermanos trataron verdaderamente a Cristo de forma similar a como lo trataron los judíos. Dicho en lenguaje llano, y en palabras de Zacarías, ¡lo "traspasaron"!

Hemos hecho todo lo posible para autoconvencernos de que el pronombre "ellos" se refiere solamente a algunos de "ellos", a unos pocos que trataron tan deshonrosamente a Jesús. Una publicación respetada sobre nuestra historia denominacional los describe como "menos que una porción", "no llega a la cuarta parte del número de los participantes". Y de esos "pocos", "la mayor parte de los implicados hicieron confesión en la década posterior a 1888, la mayor parte en los primeros cinco años, cesando desde entonces en su oposición" (Movement of Destiny, 367-368. Cursivas tomadas del original).

Si esa descripción fuese cierta, sorprende la alarma que produjo en Ellen White la actitud y acciones de una minoría tan exigua de pastores: menos de diez, para ser exactos. Sorprende que continuase entregada a la represión de tan pequeño contingente de pastores durante toda una década, declarando que tenían poder para mantener alejadas de la iglesia y del mundo las gloriosas bendiciones de la lluvia tardía y el fuerte pregón, ¡incluso a pesar de la supuesta aceptación abierta y entusiasta del mensaje por parte de una vasta mayoría de los dirigentes responsables!

No existe ni una sola declaración de la pluma de Ellen White que afirme que los "algunos", de entre los dirigentes responsables que aceptaron verdaderamente el mensaje, fuesen muchos o una mayoría. Sin excepción, su empleo de la palabra "algunos", en referencia a quienes aceptaron, significa "pocos". Y por encima y más allá de cualquier discusión sobre el tema, pesa el indiscutible hecho de que sea cual fuere la reacción que se produjo ante el mensaje en 1888, buena o mala, la conclusión de la obra y la venida del Señor fueron, en consecuencia, tremendamente retardados.

Observemos brevemente algunas de las declaraciones de la pluma de Ellen White, que arrojan luz en lo referente a esos "algunos":

En Minneapolis Dios dio preciosas gemas de verdad a su pueblo en enmarcados nuevos. Algunos rechazaron esa luz del cielo con toda la obstinación que los judíos manifestaron en su rechazo a Cristo (Manuscrito 13, año 1889; The Ellen G. White 1888 Materials, 518).

Me estaba [yo] diciendo: ¿De qué sirve que nos reunamos aquí juntos [en Minneapolis, 1888], y de qué les sirve a nuestros hermanos en el ministerio, si están aquí solamente para mantener el Espíritu de Dios alejado del pueblo?... Os he estado hablando y rogando, pero no parece importaros lo más mínimo... (Manuscrito 9, 1888; The Ellen G. White 1888 Materials, 151).

No es prudente que ninguno de estos hombres jóvenes [Jones y Waggoner] se entregue a una decisión en este encuentro en el que la oposición, más bien que la investigación, están a la orden del día (Manuscrito 15, 1888; The Ellen G. White 1888 Materials, 170).

Si los pastores no reciben la luz, quiero dar una oportunidad al pueblo; quizá este quiera recibirla (Manuscrito 9, 1888; The Ellen G. White 1888 Materials, 152).

El asunto decisivo es: ¿son las palabras del Señor, en su mensaje a Laodicea, verdad actual para nuestro día?, ¿o bien es posible que la así llamada "gloriosa" aceptación del mensaje en 1888, por parte de los dirigentes responsables de la iglesia, cumpliese finalmente su obra? ¿Fue la anterior declaración una especie de exabrupto de Ellen White, algo que su naturaleza calmada repudió posteriormente? Examinémoslo de nuevo. Habló de ese mismo tema en ocasiones casi incontables:

Cada vez que el mismo espíritu [de oposición, en Minneapolis] se despierta en el alma, se está respaldando lo que se hizo en aquella ocasión, y los que así proceden son tenidos por responsables ante Dios... Su corazón se inflama con el mismo espíritu que actuó en quienes rechazaron a Cristo, y si hubiesen vivido en los días de Cristo, habrían actuado contra él de una forma similar a la de los impíos e incrédulos judíos (Special Testimonies to the Review and Herald Office, 16-17; The Ellen G. White 1888 Materials, 1565. Original sin atributo de cursivas).

Si rechazáis a los mensajeros designados por Cristo, rechazáis a Cristo (Testimonios para los ministros, 97, 1896).

Hombres que hacen profesión de piedad han rechazado a Cristo en la persona de sus mensajeros. Como los judíos, rechazan el mensaje de Dios (FCE, 472; The Ellen G. White 1888 Materials, 1651; año 1897).

Cristo ha tomado nota de todas las frases duras, orgullosas y despectivas pronunciadas contra sus siervos, como pronunciadas contra él mismo (Review and Herald, 27 mayo 1890).

Los hombres de entre nosotros pueden llegar a ser exactamente lo que fueron los fariseos: muy rápidos en condenar al mayor de los maestros que este mundo haya conocido (Testimonios para los ministros, 294, traducción revisada, 1896).

¿Cómo sabemos que ese pecado era de naturaleza inconsciente? Los hermanos implicados creían que estaban reaccionando contra un énfasis excesivo y contra un mensaje erróneo. Pensaban que estaban contrarrestando a ciertos fanáticos, imperfectos e incluso perniciosos mensajeros. Pensaban que se estaban manteniendo "en los hitos antiguos", defendiendo noblemente los pilares del mensaje de los tres ángeles. Estaban orgullosos de su ortodoxia. Obsérvese la forma en que sus verdaderas motivaciones estaban ocultas a su conocimiento:

En Minneapolis Dios dio preciosas gemas de verdad a su pueblo en enmarcados nuevos. Algunos rechazaron esa luz del cielo con toda la obstinación que los judíos manifestaron en su rechazo a Cristo, y se habló mucho acerca de permanecer en los antiguos hitos. Pero se evidenció que no sabían lo que son los hitos antiguos. Se vio que el juicio de las palabras se recomendaba a sí mismo a la conciencia; pero las mentes de los hombres estaban bloqueadas, selladas contra la entrada de la luz, debido a que habían decidido que era un error peligroso eliminar 'los antiguos hitos', cuando en realidad no se eliminaba ni una sola aguja de esos hitos, pero tenían ideas pervertidas en cuanto a lo que constituían los antiguos hitos (Manuscrito 13, 1889; The Ellen G. White 1888 Materials, 518).

Hay una razón consistente por la que Ellen White comparó tan frecuentemente esa reacción contra el mensaje de 1888 con el odio de los judíos hacia Cristo: los judíos eran inconscientes de sus verdaderos motivos, y también lo eran nuestros hermanos. Ambos, los dirigentes judíos y nuestros hermanos, no sabían que estaban condenando "al mayor de los maestros que este mundo haya conocido". La naturaleza inconsciente de su pecado se evidencia aún más claramente en lo siguiente:

No puedo olvidar jamás la experiencia que tuvimos en Minneapolis, o las cosas que me fueron reveladas respecto al espíritu que controló a los hombres, las palabras pronunciadas, los actos realizados en obediencia a los poderes del mal... En el encuentro fueron movidos por otro espíritu, y no supieron que Dios había enviado a esos hombres jóvenes, los pastores Jones y Waggoner, para que les llevasen un mensaje especial a ellos, quienes los ridiculizaron y trataron con desprecio, no dándose cuenta de que las inteligencias celestiales les estaban observando. Sé que entonces fue insultado el Espíritu de Dios (The Ellen G. White 1888 Materials, 1043; Manuscrito 24, 1892).

¿Pasa ese pecado todavía inadvertido para nosotros? Obsérvense la multitud de libros autorizados que se han publicado sobre nuestra historia, en las ocho décadas anteriores. ¿Acaso uno solo de ellos expone claramente la plena verdad sobre 1888 y el comienzo de la lluvia tardía y el fuerte pregón?

Las siguientes palabras parecen (y son) proféticas:

El mensaje del Testigo Fiel encuentra al pueblo de Dios sumido en un triste engaño, aunque crea sinceramente dicho engaño. No sabe que su condición es deplorable a la vista de Dios (Joyas de los Testimonios vol. 1, 327).

Lo que encontramos en nuestros libros de historia denominacional es mucha jactancia del maravilloso "enriquecimiento" que experimentó la Iglesia Adventista con ocasión del mensaje de 1888. El tenor general resulta ser "soy rico y estoy enriquecido". Miles de personas de entre nosotros, por todo el mundo, ignoran el solemne hecho de que el Señor cumplió fielmente su parte y dio el "comienzo" de la lluvia tardía y el fuerte pregón hace un siglo, pero el don celestial fue rechazado. Lo tristemente cierto es que

Satanás tuvo éxito en impedir que fluyera hacia nuestros hermanos, en gran medida, el poder especial del Espíritu Santo que Dios anhelaba impartirles... Fue resistida la luz que ha de alumbrar a toda la tierra con su gloria, y en gran medida ha sido mantenida lejos del mundo por el proceder de nuestros propios hermanos (Mensajes Selectos vol. 1, 276).

Debido al "ignominioso trato dado a Jesús" en una de nuestras Asambleas de la Asociación General, es necesaria una expiación, o reconciliación final. Esa es una de las razones.

Realmente, la verdad, tal como se la halla en el mensaje de Ellen White, constituye una "sorprendente denuncia" (Joyas de los Testimonios vol. 1, 328), denuncia que querríamos ver cubierta de tierra por siempre, o bien de alguna forma negada.

Pero las palabras empleadas por Cristo en el mensaje a Laodicea indican que nuestro engaño es de naturaleza fundamentalmente histórica. La expresión griega se emplea con muy poca frecuencia. En ella se repite la idea de sentirse "rico" en la misma oración, pero en diferente tiempo y voz. Pone en nuestros labios la expresión de una jactancia orgullosa, 'soy rico (comprendo la justificación por la fe) porque he sido bendecido en mi historia al aceptar un gran enriquecimiento' (plousios eimi, kai peplouteka). Los traductores de los originales de la Biblia no supieron muy bien qué hacer con lo que les parecía una repetición innecesaria. Es comprensible, ya que vivieron demasiado pronto como para captar el pleno significado de las palabras de Jesús. La Reina Valera vierte "soy rico y estoy enriquecido". Considérese la traducción literal del griego (Apoc 3:17): "Dices: 'Rico soy, y he sido enriquecido'".

Durante décadas hemos exhibido un sentimiento general de satisfacción por haber sido enriquecidos con una "gloriosa victoria", en 1888. La mayoría de nuestros pastores se han sentido tan seguros de comprender y estar predicando la genuina justificación por la fe, como de la verdad del sábado. Obsérvese la forma en que los diversos autores de nuestra historia citados a continuación, ofrecen involuntaria confirmación de la acusación hecha por nuestro Señor, algunos empleando casi exactamente las mismas palabras que el Testigo fiel (Apoc 2-3) pone en nuestros labios:

Un logro superior [1888]... resultó en un despertar espiritual entre nuestro pueblo (M.E. Kern, Review and Herald, 3 agosto 1950, 294).

Un hito importante en la historia del adventismo del séptimo día... atravesando el continente hacia un nuevo país... una gloriosa victoria... un gran despertar espiritual entre los adventistas... el amanecer de un día glorioso para la Iglesia Adventista... las benditas consecuencias de un gran despertar... nos acompañan todavía... Ese bendito período de reavivamiento que comenzó en 1888... fue rico tanto en santidad como en frutos misioneros (L.H. Christian, Fruitage of Spiritual Gifts, 219-245. Obsérvese la palabra "rico").

Un mensaje inspirador que rescató la iglesia del peligro del legalismo y abrió las mentes a las sublimes riquezas del evangelio.

La última década del siglo vio a una Iglesia desarrollarse a través de ese evangelio hasta constituir una compañía dispuesta a cumplir la misión de Dios... La iglesia... se despertó por el refrescante mensaje de la justificación por la fe (A.W. Spalding, Captains of the Host, 602).

En muchos casos, iglesias que han comenzado con un profundo énfasis evangélico, de alguna forma han perdido algo de su empuje con el paso de los años... La Iglesia Adventista ofrece una variante interesante de lo que es tendencia habitual en otros cuerpos religiosos... la Iglesia Adventista muestra un énfasis progresivo en las verdades evangélicas... una denominación religiosa que se hace más evangélica con el paso de los años es un fenómeno único (N.F. Pease, By Faith Alone, 227).

Principalmente están aquellos que tienden a la crítica, que ven solamente los fallos de la iglesia, pero están ciegos a sus logros. Si bien lamentamos nuestra negligencia de las grandes verdades del evangelio, damos gracias a Dios por los nobles hombres y mujeres que han destacado esas verdades a lo largo de los años. Asimismo, saludamos a la hueste innumerable de miembros de iglesia que conocen a Cristo como a un Salvador personal, y que han sido verdaderamente justificados por la sola fe. Nos gratifica el énfasis in crescendo en la justificación por la fe, durante los cuarenta años precedentes; y si bien es cierto que no hemos hecho todo cuanto debíamos o podíamos haber hecho, somos necios al ignorar el progreso realizado (Id. 238).

Durante mis cincuenta y cinco años en el ministerio adventista he tenido relación con nuestros obreros y miembros a todo lo ancho del mundo. He trabajado en asociación con nuestros pastores en casi todos los territorios en los que tenemos obra establecida… No sé de ningún obrero o laico, sea en América, Europa, o cualquier otro lugar, que haya expresado oposición al mensaje de la justificación por la fe (A.V. Olson, Through Crisis to Victory, 1888- 1901, 232; Thirteen Years of Crisis, -1982- 238).

Se debe decir que el mensaje [de la justicia por la fe] se ha proclamado tanto desde el púlpito como por la página impresa, y mediante las vidas de los miles y miles de hermanos dedicados a Dios, que saben lo que significa la vida espiritual en Cristo. Cualquiera que se tome el tiempo para examinar los libros, revistas, panfletos y otras publicaciones adventistas, descubrirá que esa gloriosa verdad ha sido impresa vez tras vez… Las varias fases de la salvación por la fe en Cristo han sido enseñadas con poder y claridad mediante la emisión radiofónica durante años, y más recientemente por televisión. Se ha destacado el tema en diferentes cursos bíblicos por correspondencia. Los pastores y evangelistas adventistas han anunciado esa verdad vital desde los púlpitos y lugares públicos, con los corazones inflamados por el amor de Cristo (Id. 233-237; nueva edición, 239-243).

Este capítulo sólo pretende tratar brevemente el tremendo énfasis sobre la justificación por la fe, en la asamblea de la Asociación General de 1926. Es mi firme convicción que haríamos bien en destacar menos 1888, y más 1926… Algunos han sugerido que la denominación debería en cierto modo constatar públicamente el reconocimiento de los errores de 1888. No es posible presentar una mayor prueba de crecimiento espiritual y madurez, que la evidenciada en los sermones de 1926 (N.F. Pease, The Faith That Saves, 59).

"¡Dices: Rico soy, y he sido enriquecido!" 1888 fue el principio de un gran enriquecimiento, una gloriosa victoria, "madurez… espiritual". Somos extraordinarios; no paramos de mejorar…

Los historiadores citados eran hombres fervientes, dedicados y fieles. Trataron sinceramente de reflejar el sentimiento generalizado de orgullo y satisfacción por el tremendo "progreso" de la iglesia. Pero ninguno de ellos fue capaz de reconocer la implicación del mensaje a Laodicea: Es precisamente en nuestro pretendido "enriquecimiento" mediante la aceptación de la justicia por la fe, en lo que estamos engañados. Ni uno siquiera reconoce la necesidad de una reconciliación con Cristo mediante la expiación final, debido al ignominioso trato que le dimos en una de las asambleas de la Asociación General. Para calificar nuestro estado espiritual, todos ellos tratan de emplear mejores palabras que la escogida por la inspiración: "deplorable".

Nadie ha discernido que en 1926 y actualmente, nuestro jactancioso "crecimiento espiritual y madurez" en la comprensión y proclamación de "la justicia por la fe" no consistió en la aceptación del mensaje de 1888, sino en la aceptación de la versión popular protestante, evangélica y calvinista de la justificación por la fe. Han concluido erróneamente que ese "fenómeno único" de que la Iglesia Adventista viniera a ser más "evangélica", lo fue gracias a la aceptación del mensaje que iba a ser el principio de la lluvia tardía y el fuerte pregón. Pero lejos de eso, lo que hemos hecho es alejarnos imperceptiblemente del mensaje que el Señor nos dio, para adoptar puntos de vista virtualmente idénticos a los de quienes rechazan los mensajes de los tres ángeles. Y nos sentimos satisfechos con ese "profundo énfasis evangélico", tristemente inconscientes de que no constituye "el evangelio eterno".

La nuestra es verdaderamente la iglesia remanente, y su futuro es realmente glorioso. La obra triunfará. El Señor nos bendijo y nos bendecirá. Pero el punto importante es que para nosotros es mucho más seguro que nos atengamos a la versión que da el Testigo fiel sobre el significado de nuestra historia denominacional, que a las versiones opuestas a ella. El mensaje a Laodicea sigue siendo "verdad actual". El Señor afirma que en realidad somos "cuitados, miserables, pobres, ciegos y desnudos". La gran victoria de la Iglesia pertenece todavía al futuro y no se producirá antes que aceptemos el remedio divinamente señalado para nuestra situación actual: el arrepentimiento. Hay algo que podemos hacer, y consiste en actuar exactamente como nuestro Señor nos indica:

Yo te amonesto que de mí compres oro afinado en fuego para que seas hecho rico, y seas vestido de vestiduras blancas para que no se descubra la vergüenza de tu desnudez; y unge tus ojos con colirio para que veas. Yo reprendo y castigo a todos los que amo: sé pues celoso, y arrepiéntete (Apoc 3:18-19).

De entre las diversas versiones de nuestra historia denominacional, la que incluye quizá la más evidente (aunque inconsciente) negación del mensaje de nuestro Señor, fue publicada en 1966. Indiscutiblemente sincero y por demás ferviente y entregado, su autor deseaba defender "al ángel de la iglesia en Laodicea". Tras su muerte, los encargados de la publicación la titularon Through Crisis to Victory 1888-1901 (De la crisis a la victoria). Postularon así claramente la nueva tesis de que la asamblea de la Asociación ministerial en 1901 canceló la oposición al mensaje de la justicia de Cristo ocurrida en 1888, así como todos los males de la organización que la acompañaron, para desembocar en "la victoria".

El prestigioso libro causó una profunda impresión en la iglesia mundial. Las declaraciones de Ellen White que contradicen la tesis fundamental del libro pasan automáticamente a ser consideradas bajo sospecha: 'Lo que E. White dice en lenguaje inconfundible, no puede ser cierto si ese prestigioso libro lo contradice. Algún misterioso contexto debe anular el peso de las declaraciones que afirman que la Asamblea de 1901 no fue una "victoria"'. Los lectores resultan comprensiblemente influenciados a razonar de ese modo. Es significativo que el libro se volviera a publicar en 1981 bajo un nuevo título, pero conservando intacta su tesis de "soy rico y estoy enriquecido", dando a entender que la asamblea de 1901 transformó los años de "crisis" en una virtual "victoria").

Sin embargo los hechos demuestran claramente que los resultados de la asamblea de 1901 no revirtieron la trágica incredulidad manifestada en 1888. Disponemos de buena cantidad de enfáticas y consistentes declaraciones de parte de Ellen White:

Qué maravillosa obra habría podido hacerse en beneficio de la numerosa compañía reunida en Battle Creek con ocasión de la Asociación General [de 1901] si los dirigentes de nuestra obra hubiesen estado por la labor. Pero la obra que todo el cielo estaba esperando realizar tan pronto como los hombres allanasen el camino, quedó sin hacer debido a que los dirigentes cerraron y bloquearon la puerta contra la entrada del Espíritu. Se produjo una detención antes de llegar a la entrega completa a Dios. Y se fortalecieron en la maldad los corazones que podrían haber sido purificados del error. Se bloquearon las puertas contra la entrada de la corriente celestial que habría barrido todo el mal. Los hombres dejaron sus pecados inconfesos (Carta al Dr. J.H. Kellogg, 5 agosto 1902).

El resultado de la última Asamblea de la Asociación General [1901] ha sido la más grande y terrible pena de mi vida. No se hizo ningún cambio. El espíritu que debía haberse traído a toda la obra como resultado de este encuentro, no vino, debido a que los hombres no recibieron los testimonios del Espíritu de Dios. Cuando regresaron a sus diferentes campos de labor no anduvieron en la luz que el Señor hizo brillar sobre sus caminos, sino que trajeron a su obra los principios equivocados que han prevalecido en la obra, en Battle Creek… Es peligroso rechazar la luz que Dios envía (Carta al juez Jesse Arthur, 15 enero 1903).

Si los hombres que oyeron el mensaje cuando tuvo lugar la asamblea –el mensaje más solemne que se pueda oír– no hubiesen sido tan poco susceptibles de ser impresionados, si hubieran preguntado sinceramente: 'Señor, ¿qué quieres que haga?' la experiencia del pasado año habría sido muy diferente de lo que es. Pero no han despejado el camino ante ellos. No han confesado sus equivocaciones, y ahora están yendo al mismo terreno en muchas cosas, siguiendo el mismo curso de acción erróneo, ya que han malogrado su discernimiento espiritual...

Si la obra iniciada en la Asociación General hubiera avanzado hasta la perfección, no habría sido llamada a escribir estas cosas. Hubo la oportunidad de confesar, o bien negar el error, y en muchos casos se produjo la negación a fin de evitar la necesidad de confesión.

A menos que haya una reforma, la calamidad sobrecogerá a la casa publicadora, y el mundo conocerá la razón. Se me ha mostrado que no ha habido un regreso a Dios de todo corazón... Dios ha sido burlado con vuestra dureza de corazón, que no cesa de ir en aumento (Testimonies vol. 7, 93-96. Ver portada de The Review and Herald de noviembre de 1901. El testimonio que sigue a continuación del citado, que comienza en la página 97, lleva por título: "La Review and Herald en llamas").

Por lo que respecta al mensaje de 1888 de la justicia de Cristo, se pretende estar dando la bienvenida a una "victoria", a pesar de que las "obras" derivadas de esa supuesta "fe" llevaron a la represión del Señor en los desastrosos incendios que arrasaron el Hospital y la Casa publicadora, en una clara censura del Señor.

En el encuentro de 1901 los miembros del comité elegidos en aquella ocasión fueron, hasta donde podemos saber, hombres que creyeron plenamente en esa doctrina [la justicia por la fe], si bien algunos pudieron no haber entrado plenamente en la experiencia personal de la entrega y la fe... He asistido a convenciones campestres adventistas, congresos anuales, sesiones de la Asociación y misiones, encuentros de obreros y otras reuniones, y puedo fielmente decir que en toda esa asociación con los obreros de las iglesias y personas de diferentes razas, naciones y lenguas, a lo largo de mis cincuenta y cinco años como pastor adventista, jamás he oído –ni en América, Europa, ni otro ningún lugar– a un obrero o un laico expresar oposición al mensaje de la justicia por la fe. Tampoco he sabido de ninguna oposición tal expresada en publicaciones adventistas (A.V. Olson, Through Crisis to Victory, 1888-1901, 228-232; nueva edición, 234-238).

Pero el autor era ferviente y sincero, y profundamente espiritual. Se apercibió claramente de que algo iba mal. La obra mostraba años de retraso y la venida del Señor se había demorado largamente. Eso no pudo ni quiso negarlo. Reconoció con franqueza la existencia del problema y avanzó su propia y sincera convicción de que en esa hora tardía, la iglesia como un todo no había comprendido ni recibido la verdad de la justicia por la fe, permitiendo así que la obra mundial llegase a su fin. Rara vez un escritor oficial ha confirmado tan gráficamente –aunque sin saberlo– la verdad del diagnóstico de nuestro Señor en su mensaje "al ángel" de la iglesia en Laodicea, y raramente se ha manifestado tan ferviente y sincera insistencia en que el "ángel" es "rico y se ha enriquecido". Los portavoces de la iglesia son ricos -postula el autor del libro- en la comprensión y proclamación del mensaje. No reconoce carencia alguna por su parte, y atribuye la responsabilidad de la obra no realizada más bien a la torpeza de los laicos. Ellos deben ser los "cuitados, miserables, pobres, ciegos y desnudos". Obsérvese la clara evidencia de la conclusión del libro:

Durante años desde y antes de 1901 los adventistas publicaron mucho sobre la justicia por la fe, y ese tema se ha abordado periódicamente en la Escuela Sabática. Los diferentes aspectos de la salvación por la fe en Cristo han sido enseñados con poder y claridad a través de la radio, y últimamente en televisión. El tema se ha destacado en distintos estudios bíblicos por correspondencia. Los pastores y evangelistas adventistas han anunciado esa verdad vital desde los púlpitos de iglesia y desde otros lugares públicos, con corazones inflamados de amor por Cristo. Y mediante la revista mensual El Ministerio adventista, los predicadores y escritores adventistas han urgido constantemente a hacer de Jesucristo y su justicia como Salvador, el centro de toda su enseñanza (Id. 237; nueva edición, 243).

Si esa preciosa verdad ha sido enseñada "con poder y claridad... con corazones inflamados" por los pastores y evangelistas adventistas, ¿por qué no se ha terminado la obra? Los laicos no han oído como deberían... Éstos últimos han impedido la terminación de la obra. Obsérvese la conclusión a la que se llega, sólo posible mediante una errónea comprensión del mensaje a Laodicea:

Muchos adventistas del séptimo día parecen ignorar todavía esa doctrina capital. Gran parte de esa falta de discernimiento se debe a que no leen los libros y periódicos adventistas que presentan el evangelio en lenguaje claro, enérgico...

Tememos que para muchos miembros de iglesia el mensaje de la justicia de Cristo se haya vuelto una teoría estéril, en lugar de una realidad viviente en su experiencia diaria.

Han sido negligentes en cuanto a la luz que, en su amor y gracia, ha hecho Dios brillar ante ellos. No han llegado a cambiar las vestiduras viles de su justicia propia por la vestidura inmaculada de la justicia de Cristo. A la vista de Dios, sus pobres almas aparecen como desnudas y destituidas (Id. 237; nueva edición, 243-247).

Si el mensaje del Señor es verdadero, entonces nos encontramos ante una sorprendente inversión de los términos. El Señor dirige ese mensaje "al ángel de la iglesia". El énfasis, según el Espíritu de Profecía, no puede ser más claro: si los responsables ministeriales hubiesen aceptado el mensaje de 1888, la iglesia habría cooperado y la obra se habría terminado (Mensajes Selectos vol. 1, 276). "Tu pueblo se ofrecerá voluntario en el día de tu poder" (Sal 110:3), nos asegura el salmista. Un laicado resistiendo continuamente a los dirigentes constituye una representación desalentadora para el futuro. No es cierta.

Lo que ese autor no pudo ver es que todo ese "énfasis" que tan animador le parecía, es en realidad un mensaje diferente del que fue dado en 1888, y esa es la razón por la que "el mensaje de la justicia de Cristo se haya vuelto una teoría estéril" "para muchos miembros de iglesia". Les aburre, de manera que "no leen los libros y periódicos adventistas". Seguramente han intentado leerlos, pero dado que los mismos carecen de los conceptos claros y convincentes propios del mensaje de 1888, la lectura se hace tediosa. Y no saben por qué. Pero "el ángel de la iglesia" siente que ha cumplido con su obligación, al menos en generosa y cumplida medida.

Cuanto aquí decimos, se expresa con profundo respeto hacia nuestros historiadores, cuya devoción por la causa está por encima de toda duda. La expresión "no conoces", de nuestro Señor, explica el problema. Los historiadores no hacen sino articular y expresar el orgullo casi universal de muchos que mantienen todavía esa posición en el tema de la justicia por la fe (ver en Movement of Destiny, 610-612). Lo dicho no debe entenderse en clave de crítica hacia nuestros escritores del pasado. Los citamos solamente como una constatación de que el mensaje del Señor en Apocalipsis 3:14- 21 es todavía "verdad actual", claramente demostrada por nuestra historia denominacional pasada y presente.

En la obra citada, que se volvió a publicar en 1978, la práctica totalidad de los portavoces prominentes de la iglesia se presentan como dando apoyo a la tesis del "enriquecimiento" de 1888 (están ausentes unos pocos, notablemente S.N. Haskell, Meade McGuire y Taylor Bunch). La lista de nombres es realmente impresionante (p. 681-686, edición de 1971). Si la verdad se pudiese determinar por el voto de la mayoría, entonces habría de ser cierto que Ellen White estaba tristemente equivocada en sus repetidas declaraciones de que se impidió que el mensaje de 1888 "fluyera hacia nuestros hermanos, en gran medida" y que "fue resistida la luz... y en gran medida ha sido mantenida lejos del mundo por el proceder de nuestros propios hermanos" [dirigentes]. Ni tan sólo uno de esos hombres dedicados a los que hemos hecho referencia, se atrevería a contradecir al Testigo fiel y verdadero a sabiendas. Pero ¿pudiera ser que las palabras de nuestro Señor "no conoces" se debieran aplicar a todos nosotros?

El simple hecho del inexplicable paso del tiempo durante más de cien años, desde "el comienzo" de la lluvia tardía, nos obliga a reconsiderar el significado de nuestra historia. Si nuestros pioneros aceptaron la lluvia tardía tan voluntariosa y fervientemente, ¿por qué no se terminó la obra de Dios en su generación? El testimonio de Ellen White es tan claro que hasta un niño lo puede comprender: la verdadera aceptación del mensaje habría significado la finalización de la comisión evangélica y el regreso de nuestro Señor en aquella generación.

La repetida afirmación del "ángel": "Soy rico y me he enriquecido", tiene una amplia influencia en la iglesia mundial. El orgullo profundamente enraizado, si bien sutil, endurece el corazón. Las extendidas y repetidas afirmaciones de "enriquecimiento" crean prejuicio que impide que el mensaje del Señor a Laodicea sea comprendido en su plena significación. La respuesta a su llamado de "arrepiéntete" en tanto que iglesia, es el resentimiento. '¿Acaso no se nos ha dicho durante décadas que somos "ricos" en cuanto a comprender la justificación por la fe? ¿Por qué esa acusación devastadora de que somos cuitados, miserables, pobres, ciegos y desnudos?' Muchos se ofenden. El zarandeo final no sería tan terrible si el mensaje de Cristo no hubiese sido tan repetidamente resistido.

La Escritura está repleta de profecías relativas a la predicación a escala mundial de la verdad en su pureza evangélica. "La tierra será llena de conocimiento de la gloria de Jehová, como las aguas cubren la mar" (Hab 2:14). "Saldrán de Jerusalem aguas vivas" (Zac 14:8). "Levántate, resplandece; que ha venido tu lumbre, y la gloria de Jehová ha nacido sobre ti. Porque he aquí que tinieblas cubrirán la tierra, y oscuridad los pueblos: mas sobre ti nacerá Jehová, y sobre ti será vista su gloria. Y andarán las gentes a tu luz, y los reyes al resplandor de tu nacimiento" (Isa 60:1-3). "Será en los postreros días, dice Dios, derramaré de mi Espíritu sobre toda carne, y vuestros hijos y vuestras hijas profetizarán; y vuestros mancebos verán visiones, y vuestros viejos soñarán sueños: y de cierto sobre mis siervos y sobre mis siervas en aquellos días derramaré de mi Espíritu" (Hechos 2:17-18). "Después de estas cosas vi otro ángel descender del cielo teniendo grande potencia; y la tierra fue alumbrada de su gloria" (Apoc 18:1).

¿Hay alguien preocupado porque nuestras campañas y publicaciones no hayan cumplido esas profecías hasta el día de hoy? ¿Se puede decir con sinceridad que nuestro mensaje esté conmoviendo al mundo, o siquiera despertando alguna oposición significativa, como fue el caso en los días de los apóstoles?

¿Es papel de mejor calidad lo que necesitan nuestras publicaciones? ¿Es mejorar la fotocomposición e ilustraciones? ¿Es simplemente más dinero, más psicología, más música, mayor refinamiento profesional lo que necesitan nuestras campañas evangelísticas?

¿O bien tenemos un problema con el contenido del mensaje, con la proclamación de la verdad misma del evangelio? Nuestro Señor dice que somos "pobres", mientras que nos creemos "ricos" en cuanto a nuestra comprensión y proclamación del "mensaje del tercer ángel en verdad", la pura verdad del evangelio que no ha sido claramente comprendida "desde los días de Pentecostés" (Fundamentals of

Christian Education, 473).

Nos hemos cansado de repetir que "necesitamos el Espíritu Santo". Por supuesto que lo necesitamos, pero la recepción e inspiración del Espíritu Santo no es una cuestión de magia o buena suerte. El evangelio de Cristo "es poder de Dios para salvación" (Rom 1:16), y ese poder no reside en la fantasía emocional sino en la verdad, "la verdad del evangelio" (Gál 2:14).

"Tenemos la verdad", es nuestro sentimiento universal. 'Está sonando la música adecuada. Necesitamos quizá un cierto "énfasis" que eleve el volumen un poco'. Muchos que hablan de la justicia por la fe se refieren a ella como a nuestra orgullosa posesión, y nuestra proclamación de ella como un mero asunto de "énfasis", algo así como la necesidad de subir el control de volumen.

Pero la verdad del evangelio no tiene nada que ver con un "énfasis" tal. El mismo uso del término denuncia una ignorancia en cuanto a lo que es el evangelio. ¿Quién se atrevería a decir que lo que predicaron los apóstoles era una mera "re-enfatización" del judaísmo? Nunca, en ningún lugar, usó Ellen White los términos "énfasis" o "enfatización" en relación con el mensaje de la justicia de Cristo de 1888, como si se tratara de un asunto de ajustar el debido equilibrio homilético. La justicia por la fe es una verdad vital, palpitante, explosiva, y Dios no ha dado al hombre ningún control de volumen para "enfatizarla", destacarla o apagarla. O se tiene, o no se tiene; y si se tiene, se revoluciona al mundo (Hechos 17:6). Nada menos que eso.

Si no estamos "trastornando" al mundo, lo único que podemos hacer es confesar que el Testigo fiel y verdadero tiene razón. Somos cuitados y pobres, aunque hemos confiado en la patética suposición de ser ricos. Hasta que el "ángel" lo reconozca y lo confiese, no puede darse la voluntad para aplicar los remedios que el Testigo fiel y verdadero nos propone.

Nuestra "pobreza" se hace dolorosamente evidente en la erosión de la confianza en la doctrina distintiva adventista de la purificación del santuario que comenzó en 1844. Verdict Publications publica artículos como el siguiente:

Influyentes eruditos adventistas... piensan ahora que la doctrina distintiva adventista del juicio investigador no se puede demostrar a partir de la Biblia... Otros profesores... han abandonado completamente su creencia en esa enseñanza [la doctrina de 1844]. Podemos fácilmente citar a responsables de departamentos de teología y otros profesores prominentes que han perdido su fe en esa doctrina distintiva adventista... Esa pérdida de fe en 1844 ha tenido lugar... Hay un sentimiento generalizado de que nuestra posición sobre 1844 y nuestra explicación sobre él ha dejado de ser convincente o viable. Un gran porcentaje de adventistas en

Europa consideran ampliamente a 1844 como una aberración peculiarmente americana (1844 Re-examined, 9-10).

Se citan numerosos pastores y teólogos en favor de ese cuestionarse las raíces básicas adventistas.

Sin embargo, la investigación original de Crosier, Edson y Hahn al articular el concepto distintivo adventista de la purificación del santuario era profundamente bíblica. Fue eso lo que estableció nuestra existencia como pueblo. De no haber sido auténticamente bíblica, los adventistas no tendríamos ninguna razón teológica válida para existir. Si "el dragón" que "fue airado contra la mujer" quiere destruirla, ¿podría hacerlo de una forma más efectiva que atacando su corazón y fundamento?

El virtual eclipse del mensaje de 1888 por décadas, ha sido uno de los factores responsables de más peso en la erosión de la confianza adventista en la doctrina del santuario y 1844. En 1889, Ellen White previó que la oposición al mensaje manifestada contra Jones y Waggoner acabaría "produciendo apostasía" (Counsels to Writers and Editors, 31). Es evidente un fenómeno interesante: los que no encuentran razón bíblica para creer el mensaje de 1844, dejan igualmente de apreciar el mensaje de 1888; y lo mismo se puede decir a la inversa. El mensaje de 1888 enfocó nítidamente la doctrina del santuario, y restableció en "los corazones de los creyentes el poder director" (El evangelismo, 167); y la pérdida de ese mensaje tendió a "[quitar] de los corazones de los creyentes el poder director".

Capítulo 7—Remedios divinamente señalados: Oro

Nuestro Señor nos amonesta a que compremos de él "oro afinado en fuego, para que seas hecho rico" (Apoc 3:18). Sabemos que "el oro afinado en el fuego es la fe que obra por el amor" (Palabras de vida del gran Maestro, 123).

Si poseyéramos ya el "oro", no se nos urgiría a "comprarlo". Debemos dejar de jactarnos de poseerlo ya, de que lo único que nos falta son métodos más eficaces de presentarlo, despliegues periodísticos más modernos, más dinero para emisiones de radio y televisión o mejores técnicas de homilética. Nuestra necesidad es de tipo básico. En relación con el "oro" propiamente dicho, el Testigo fiel y verdadero dice que nuestro cofre está vacío. Es Cristo quien lo declara.

Es muy posible que una vez hayamos "comprado" realmente el oro, deje de turbarnos la búsqueda de métodos para mostrarlo. Quizá Jehová de los ejércitos, que dice "mía es la plata, y mío el oro" traerá entonces convicción a corazones generosos, que darán con liberalidad para que el "oro" de su pueblo pueda ser presentado al mundo cuando ese tiempo llegue.

Es al "ángel" a quien amonesta el Testigo fiel y verdadero, no a algunos individuos por aquí y por allá. Es al cuerpo regular de los directivos de iglesia a quien se dirige. No hay ninguna forma de evadir su amonestación franca. Todos los intentos por silenciarla resultarán en mayor confusión y décadas de retardo en la finalización de la obra de Dios. Que el cielo se apiade de nosotros si protestamos contra el Señor e insistimos en decir o sentir: '¡Yo siempre he comprendido y enseñado el evangelio con poder! Yo sé que lo comprendo. ¡Eso no puede referirse a mí! ¡Has bendecido tan maravillosamente mi obra! "Delante de ti hemos comido y bebido, y en nuestras plazas enseñaste"; "¿no profetizamos en tu nombre, y en tu nombre lanzamos demonios, y en tu nombre hicimos muchos milagros?"' (Luc 13:26; Mat 7:22).

En esta hora de inmensa oportunidad escatológica, nuestro Señor dice al tibio "ángel": "Estoy por vomitarte de mi boca" (mello se emesai) (Apoc 3:16). Esa advertencia es paralela a la que Cristo hace a quienes dirán: "Señor, Señor, ábrenos... Os digo que no os conozco de donde seáis; apartaos de mí todos los obreros de iniquidad. Allí será el llanto y el crujir de dientes" (Luc 13:25-28). El término "iniquidad" suena espantoso. Lo aplicamos instintivamente a nuestros vecinos incrédulos. Pero necesitamos comprender que una experiencia perfectamente aceptable en otra época anterior a la purificación de santuario, se convierte hoy en vomitiva "tibieza". Una devoción mesurada, aceptable mientras el Sumo Sacerdote ministraba en el lugar santo, resulta ser "iniquidad" cuando se la pesa ante la incomparablemente superior perspectiva de consagración apropiada al ministerio de Cristo en el lugar santísimo (Lev 23:27-32).

Ningún pecado puede producir a nuestro Sumo Sacerdote más nauseas que ese. Sin embargo, no se trata de "obras" de lo que está hablando. Nuestra carencia de "oro" no consiste en un déficit en desarrollar una actividad más febril. En eso somos ya "ricos". Se trata de fe. Es fe pura y verdadera lo que necesitamos "comprar".

¿Por qué "comprar"? ¿Por qué no dice: 'Pídemela y te la daré'? ¿Será quizá porque necesitamos renunciar a nuestros falsos conceptos sobre la fe, y aceptar el verdadero? El mensaje a Laodicea señala que estamos en posesión de cierta clase de alijo que es preciso cambiar por "oro" del almacén celestial, de igual forma en que dejamos algo (dinero) a cambio de un objeto, cuando queremos comprarlo. Es muy significativo el consejo de que "compremos". Obsérvese en qué consiste nuestra "riqueza":

Porque tú dices: Yo soy rico, y estoy enriquecido... (Apoc 3:17)

¡Qué mayor engaño puede penetrar en las mentes humanas que la confianza de que en ellos todo está bien, cuando todo anda mal! El mensaje del Testigo fiel encuentra al pueblo de Dios sumido en un triste engaño, aunque crea sinceramente dicho engaño. No sabe que su condición es deplorable a la vista de Dios. Aunque aquellos a quienes se dirige el mensaje del Testigo fiel se lisonjean de que se encuentran en una exaltada condición espiritual... se sienten seguros por causa de sus progresos y se creen ricos en conocimiento espiritual (Joyas de los Testimonios vol.1, 327-328, original sin cursivas).

El "precio", aquello a lo que debemos renunciar, es el "engaño", el falso "conocimiento espiritual". Dicho de otro modo: a fin de poder efectuar la "compra" del "oro" hemos de renunciar a nuestros conceptos erróneos o ideas equivocadas. Veamos una vez más cuál es la definición inspirada del "oro" que necesitamos:

Para que la prueba de vuestra fe, mucho más preciosa que el oro, el cual perece, bien que sea probado con fuego, sea hallada en alabanza, gloria y honra, cuando Jesucristo fuere manifestado (1 Ped 1:7).

El oro afinado en el fuego es la fe que obra por el amor. Sólo esto puede ponernos en armonía con Dios. Podemos ser activos, podemos hacer mucha obra; pero sin amor, un amor tal como el que moraba en el corazón de Cristo, nunca podremos ser contados en la familia del cielo (Palabras de vida del gran Maestro, 123, original sin cursivas).

El oro probado en el fuego que se recomienda aquí es la fe y el amor. Enriquece el corazón, porque se lo ha refinado hasta su máxima pureza, y cuanto más se lo somete a prueba, tanto más resplandece (Joyas de los Testimonios vol. 1, 479).

Durante décadas hemos estado hablando de "fe y amor". ¿No los tenemos todavía? ¿Qué significa lo anterior? ¿Pudiéramos estar pretendiendo disimular la carencia mediante un barniz de tópicos piadosos? Quizá el Señor esté intentando hacernos ver que no comprendemos realmente lo que es el amor, y por lo tanto, no podemos tener verdadera fe. ¿Es posible que "el ángel" de la Iglesia esté destituido de "un amor tal como el que moraba en el corazón de Cristo"?

Sí. Así es, según las palabras del Testigo fiel y verdadero. Es cierto que cuesta creerlo, pero examinemos más de cerca el asunto. Hay dos nociones opuestas sobre el "amor". Una proviene del helenismo: es el tipo de "amor" sobre el que está basado el cristianismo evangélico popular. La otra es totalmente distinta, y es el tipo de amor que sólo puede tener su origen en el ministerio del verdadero Sumo Sacerdote, en su obra de purificación del santuario celestial (Primeros Escritos, 55-56).

La amonestación de nuestro Señor resulta desconcertante e incomprensible cuando ignoramos lo que es realmente el amor. '¿Por qué dice "amor", si ese es precisamente mi punto fuerte? Sé positivamente que quiero a mis seres amados y a mis hermanos. ¿Qué más me falta?' Los corazones pagados de sí mismos no sentirán la necesidad, y posiblemente sean incapaces de despertar en esta hora tardía en la que vivimos. Pero muchos sienten verdaderamente una gran necesidad y reconocerán inmediatamente el "oro", al serles mostrado.

Recuérdese esto en su contexto amplio: la pluma inspirada dice que el "oro" "es la fe que obra por el amor". Por lo tanto, a fin de comprender lo que quiere decir el Testigo fiel y verdadero con sus palabras "te amonesto que de mí compres oro afinado en fuego", debemos primero examinar en qué consiste el "amor". Sólo entonces estaremos en condiciones de comprender en qué consiste la "fe" (que surge como respuesta al amor).

Es el mismo Cristo quien aclara cuál es la fe neotestamentaria, y resulta ser diferente del concepto popular. "De tal manera amó Dios al mundo, que ha dado a su Hijo unigénito para que todo aquel que en él cree..." (Juan 3:16). Obsérvese: (1) Lo primero es el amor de Dios: el creer no puede darse hasta haberse producido la revelación de ese amor. (2) Como resultado de su amor y su dádiva para el pecador, se hace posible creer ("creer" y "tener fe" son la misma expresión griega). Así, la fe es una experiencia del corazón, una "obra hecha de corazón" según frase de Ellen White, y es imposible que exista antes de que el amor de Dios sea verdaderamente comprendido y apreciado.

Préstese atención esmerada a un punto vital: "creer" no viene motivado por un miedo a perderse ni por la expectativa de la recompensa de la vida eterna. La cláusula primaria de la declaración de Jesús es: "Porque de tal manera amó Dios". Las dos secundarias son: "ha dado a su Hijo unigénito" y "para que todo aquel que en él cree". Creer es un resultado directo del amor. Y fue Cristo mismo quien pronunció las palabras de Juan 3:16.

Así, en el Nuevo Testamento emerge una clara definición de la "fe":

La fe es una respuesta del corazón, una apreciación de corazón ante el amor de Dios revelado en la cruz. Vuélvase a leer Romanos y Gálatas, teniendo in mente esta definición de la fe de Juan 3:16, y Pablo revivirá ante nuestros ojos con asombroso realismo.

El salvarse de perecer y la recompensa de la vida eterna son solamente productos –resultados– de la genuina fe que el Nuevo Testamento manifiesta. Las motivaciones gemelas de temor al infierno y esperanza de recompensa, no son aspectos válidos de la fe en sí misma.

Esa definición neotestamentaria de la fe deja perplejos a algunos. Se sienten inclinados a aceptar la idea de que Ellen White de alguna manera hubiese modificado la definición de Cristo y de Pablo sobre la fe, en el sentido de referirla a un acto adquisitivo del alma centrado en el yo, como enseñan las iglesias populares. En sus escritos, piensan, la fe significa "confianza", y tal "confianza" presupone un estado anterior de inseguridad egocéntrica. Es cierto que leemos a menudo la afirmación de que la fe es confianza. De hecho, hay un sinnúmero de definiciones de la fe, tal como podemos comprobar en el Índice, ante las 700 entradas relativas a "fe". Con toda probabilidad, incluso hasta en los días de Pablo había diferentes matices de significado.

Pero Ellen White de ninguna forma derribó el gran concepto paulino de la fe. Cuando el apóstol presentó su elevada enseñanza sobre la "justicia por la fe", la palabra "fe" adquirió una dimensión y significado explícito y dinámico que no era posible antes de la cruz, o al menos, que no podía ser claramente apercibido hasta entonces. Ni siquiera Nicodemo, que oyó de los labios de Jesús las palabras contenidas en Juan 3:16, pudo comprenderlas hasta la cruz. El griego helenístico no está en disposición de dar una definición clara de la fe.

Lo mismo cabe decir de la palabra "amor". Nadie conoció realmente en qué consiste el amor, hasta la cruz. La vida y muerte de Jesús invistió al oscuro término griego (agape) de un significado con el que nunca antes hubiera soñado. Y entonces esas dos palabras, agape, y la respuesta humana al mismo: fe, "alborotaron el mundo" antiguo (Hechos 17:6). La enseñanza de Ellen White está en completa armonía con la fe revelada en el Nuevo Testamento.

No comprendemos a Pablo, ni tampoco a Ellen White, hasta que no reconozcamos que la fe que trae la justicia es algo inconmensurablemente mayor que la idea egocéntrica que habíamos podido suponer previamente. Entre las 700 entradas del Índice sobre la fe, hay una definición que es el común denominador de todas ellas. Es significativo que coincide con la definición de Pablo (en Gál 5:6): "La fe genuina siempre obra por el amor" (Ellen White, Comentario Bíblico Adventista vol.6, 1111; Índice, vol. 1, 968). Obsérvese cómo Ellen White apoya claramente la definición de la fe dada por Pablo:

> Josué deseaba lograr que sirvieran a Dios, no a la fuerza, sino voluntariamente. El amor a Dios es el fundamento mismo de la religión. De nada valdría dedicarse a su servicio meramente por la esperanza del galardón o por el temor al castigo. Una franca apostasía no ofendería más a Dios que la hipocresía y un culto de mero formalismo (Patriarcas y Profetas, 561).

> No es el temor al castigo, o la esperanza de la recompensa eterna, lo que induce a los discípulos de Cristo a seguirle. Contemplan el amor incomparable del Salvador, revelado en su peregrinación en la tierra, desde el pesebre de Belén hasta la cruz del Calvario, y la visión del Salvador atrae, enternece y subyuga el alma. El amor se despierta en el corazón de los que lo contemplan. Ellos oyen su voz, y le siguen (El Deseado de todas las gentes, 446).[3]

> Hay quienes profesan servir a Dios a la vez que confían en sus propios esfuerzos para obedecer su ley, desarrollar un carácter recto y asegurarse la salvación. Sus corazones no son movidos por algún sentimiento profundo del amor de Cristo, sino que procuran cumplir los deberes de la vida cristiana como algo que Dios les exige para ganar el cielo. Una religión tal no tiene valor alguno (El Camino a Cristo, 44-45).

El contexto de la última declaración es especialmente significativo. Con toda la fuerza que pueden tener las palabras, Ellen White nos señala continuamente la cruz y la revelación del amor de Dios que tuvo allí lugar. Esa es la verdadera motivación para servir al Señor, añade. Y hablando de esa motivación, afirma:

> ¡Contemplemos el sacrificio asombroso que fue hecho para nuestro beneficio! Procuremos apreciar el trabajo y la energía que el Cielo consagra a rescatar al perdido y hacerlo volver a la casa de su Padre. Jamás podrían haberse puesto en acción motivos más fuertes y energías más poderosas... Entremos en perfecta relación con Aquel que nos amó con amor asombroso (El Camino a Cristo, 21-22).

Es cierto que la mensajera del Señor también expone otros "incentivos y

---

[3] (N. del T.): "Se nos señala la brevedad del tiempo para estimularnos a buscar la justicia y convertir a Cristo en nuestro Amigo. Pero este no es el gran motivo. Tiene sabor a egoísmo. ¿Es necesario que se nos señalen los terrores del día de Dios para compelirnos por el miedo a obrar correctamente? Esto no debería ser así. Jesús es atractivo. Está lleno de amor, misericordia y compasión" (A fin de conocerle, 322).

estímulos poderosos que nos instan a dedicar a nuestro Creador y Salvador el amante servicio de nuestro corazón", que de forma superficial aparentan apoyar una visión de la fe centrada en el yo. Eso ha causado perplejidad. ¿Se contradice acaso a sí misma? ¿Se espera que permanezcamos en una especie de limbo sobre el tema, y que cuando leemos sobre el amor de Dios revelado en la cruz tendamos a minimizarlo como una motivación de poco valor?

He aquí cuatro posibles explicaciones a esa aparente contradicción:

• "El Redentor del mundo acepta a los hombres tales como son, con todas sus necesidades, imperfecciones y debilidades" (Id. 47), y les permite iniciar la vida cristiana con la mejor motivación de la que en ese momento sean capaces, cualquiera que esta sea. Muchos pueden ser bautizados por razones puramente egoístas, sin ninguna apreciación por el Calvario. Su religión, en ese momento, "no tiene valor alguno" (Id. 45), pero al menos, la ley es su "ayo" para llevarlos a Cristo, para que finalmente sean "justificados por la fe" (Gál 3:24).

• Miles de cristianos han descendido a la tumba sin una clara apreciación de la expiación. Vivían en épocas de comparativa oscuridad, y vivieron a la altura de toda la luz de que disponían. No encontraron nunca completa liberación del legalismo centrado en el yo, pero hicieron lo mejor que supieron. El Señor los acepta. Muchos de ellos han muerto desde que se publicó El Camino a Cristo. Ese libro contiene ayuda para aquellos que se preparan para la muerte. ¡Pero contiene también ayuda para quienes se preparan para la traslación!

• La obra del Sumo Sacerdote en el lugar santísimo dará por resultado la total purificación de los motivos de aquellos que lo siguen por la fe en esa obra. Llegarán a ser cristianos maduros y dejarán "lo que era de niño" (1 Cor 13:11). En el contexto amplio del capítulo de Pablo sobre el agape, "lo que era de niño" significa las motivaciones centradas en el yo. Comprendiendo que Ellen White ministró en un período de transición, desaparecen las contradicciones aparentes. No todo el pueblo de Dios había dejado ya "lo que era de niño", ni estaban aún cabalmente preparados para reconocer la motivación "que es perfecta" [versículo precedente].

• Cuando Dios nos expone esos otros "incentivos y estímulos poderosos que nos instan a dedicar a nuestro Creador y Salvador el amante servicio de nuestro corazón" –los dones y bendiciones presentes y futuros– es para despertar en nosotros el amor y agradecimiento hacia Aquel que nos los da, en virtud de su sacrificio eterno. No es para inducirnos al afán egoísta de posesión –al "amor" por el don–, sino para que amemos al Dador (N. del T.).⁴

Cuando nuestro Señor dice: "¡Ojalá fueses frío, o caliente!", no debemos concluir que es su deseo que seamos miembros "calientes", o bien que estemos totalmente fuera de la iglesia. Quizá sea así, pero puede que su anhelo consista en que seamos, o bien miembros "calientes", o bien miembros "fríos" que sientan verdaderamente su necesidad de recalentamiento. Las motivaciones centradas en el yo, frecuentes en algunas campañas evangelísticas, pueden en verdad incrementar nuestra membresía, pero solamente podemos vencer nuestra tibieza cuando es "el amor de Cristo" el que "nos constriñe".

Antes de examinar más detenidamente en qué consiste el amor presentado en el Nuevo Testamento, consideremos una declaración más de Ellen White que es extraordinariamente clara y significativa respecto a la fe comprendida como una apreciación profunda de la expiación:

La preciosa sangre de Jesús es el manantial provisto para purificar el alma de la contaminación del pecado. Cuando determináis aceptarlo como vuestro amigo, de la cruz de Cristo brillará una luz nueva y duradera. Un verdadero sentido del sacrificio e intercesión del amado Salvador quebrantará el corazón endurecido por el pecado, y el amor, agradecimiento y humildad tomarán posesión del alma. La entrega del corazón a Jesús convierte al rebelde en un penitente, y entonces el lenguaje del alma obediente es: "Las cosas viejas pasaron; he aquí todas son hechas nuevas". Esa es la verdadera religión de la Biblia. Cualquier cosa menor que eso, es un engaño (Testimonies vol. 4, 625).

En el texto precedente no aparecen los términos "fe" ni "justicia", sin embargo la experiencia descrita corresponde ciertamente a esta última. Si es sólo por la fe como se obtiene la justicia, es evidente que la verdadera fe debe ser el medio por el que se efectúa el gran cambio.

Volviendo al tema del "oro" que se nos amonesta a comprar, hemos de descubrir en qué consiste el amor expresado en el Nuevo Testamento. A menos que lo comprendamos y apreciemos, no podremos tampoco comprender en qué consiste la fe. Podemos resumir muy brevemente los contrastes entre el amor de Dios (agape) y la emoción humana conocida por todos, que identificamos con la misma palabra:

---

⁴ (N. del T.): "La verdad pura está en competencia con la falsedad; la honradez y la integridad con la astucia y la intriga, en todo aquel que, como Cristo, está dispuesto a sacrificarlo todo, aun la dádiva misma, por causa de la verdad" (Mensajes Selectos vol. 1, 402).

La Noción Habitual De Amor	**El Amor De Dios (Agape)**
1. Siempre dependiente de la belleza o bondad del objeto a amar. Ama "lo suyo" o "los suyos": la familia, o aquellos que nos hacen bien.	1. Ama a quienes son defectuosos o indignos. "Dios encarece su caridad para con nosotros, porque siendo aún pecadores [enemigos], Cristo murió por nosotros" (Rom 5:8 y 10).
2. Descansa en un sentido de necesidad, como los miembros de una pareja se aman porque se necesitan, o los niños a sus padres por idéntica razón.	2. Dios, que posee las riquezas infinitas, ama a partir de su bondad solamente. "Jesucristo, que por amor de vosotros se hizo pobre, siendo rico" (2 Cor 8:9).
3. Depende del valor del objeto amado.	3. Crea valor en el objeto amado (Isa 13:21).
4. El hombre a la búsqueda de Dios. Todas las religiones falsas se basan en esa noción de un Dios huidizo, que se oculta. La salvación depende entonces de la iniciativa humana.	4. No el hombre buscando a Dios, sino Dios buscando al hombre. "El Hijo del hombre vino a buscar y a salvar…" (Luc 19:10). La salvación depende entonces de la iniciativa de Dios, no de la nuestra.
5. Aspira siempre a subir más alto. Es la motivación constante del hombre pecador (constatable incluso en la iglesia, y en dirigentes ministeriales).	5. Dispuesto a rebajarse. La más pura revelación del agape, descrita en Fil 2:5-8. Cristo estaba en la posición más exaltada, pero descendió hasta la más baja: "Hecho obediente hasta la muerte, y muerte de cruz".
6. Básicamente es amor a sí. Los dirigentes evangélicos modernos recalcan insistentemente la necesidad primaria de amarse a uno mismo. Se confunde el amor a uno mismo con el sano concepto de respeto propio, basado en la apreciación del sacrificio de Cristo en nuestro favor. Dimensión máxima del amor a uno mismo en el punto siguiente:	6. Máxima expresión de negarse a sí mismo (pero eso no significa ascetismo monástico ni negación egoísta de uno mismo, realizada con el fin de obtener una mejor recompensa en el futuro. Eso sería mero oportunismo religioso). "No busca lo suyo"; busca genuinamente el bien de los demás. Su dimensión máxima expresada en el punto siguiente:
7. Desea la inmortalidad como recompensa celestial. Todas las religiones, cristianas o no cristianas, apelan a esa motivación básica egocéntrica. Ha sido la motivación predominante en mucho evangelismo adventista. Es responsable de la tibieza egocéntrica.	7. Dispuesto a sacrificar incluso la vida eterna. Demostración suprema provista por Cristo en la cruz, donde murió el equivalente a la "muerte segunda" de la que nos libra a nosotros. Moisés y Pablo constituyen ejemplos de pecadores redimidos que conocieron un agape tal (Éxodo 32:32; Rom 9:1-3).[5]

---

[5] Adaptado de Anders Nygren, Agape and Eros, 210.

Esos contrastes explican por qué Juan dio vida a la sublime ecuación: "Dios es agape". Y "el que no ama [con agape] no conoce a Dios", pero "cualquiera que ama [con agape], es nacido de Dios... en esto es perfecto el agape con nosotros, para que tengamos confianza en el día del juicio... en agape no hay temor; mas el perfecto agape echa fuera el temor... el que teme, no está perfecto en el agape". ¡Ninguna fuente humana puede inventar u originar un amor tal! "Nosotros le amamos a él, porque él nos amó primero" (1 Juan 4:7-19).

Esa fue la idea que revolucionó el mundo antiguo en los días de los apóstoles (Hechos 17:6). Lo revolucionará de nuevo cuando la iglesia remanente comprenda "con todos los santos cuál sea la anchura y la longitud y la profundidad y la altura y conocer el agape de Cristo, que excede a todo conocimiento" (Efe 3:17-19). Sin un agape tal, nuestras "lenguas humanas y angélicas" son "como metal que resuena o címbalo que retiñe"; toda nuestra "profecía", "ciencia" y "fe... que traspase los montes", es nada. Tan terrible es el engaño al que nos abocamos, que somos capaces de "repartir toda [nuestra] hacienda para dar de comer a pobres, [y entregar nuestro cuerpo] para ser quemado" y no obstante carecer de la verdadera motivación del agape (1 Cor 13:1-3). Incidentalmente, ¡ese es el problema de la tibieza laodicense! Podría continuar en esa situación por miles de años más, sin que la obra de Dios se completara.

Mientras que todas las religiones no cristianas -y también el cristianismo apóstata- apelan a la inseguridad egocéntrica del hombre, los apóstoles presentaron un evangelio con una apelación radicalmente distinta. Pablo, por ejemplo, no comenzó su predicación con una presentación de la necesidad del hombre, sino de lo realizado por Dios. "Cuando fui a vosotros... no me propuse saber algo entre vosotros, sino a Jesucristo, y a este crucificado" (1 Cor 2:1-2). "Primeramente os he enseñado lo que asimismo recibí: que Cristo fue muerto por nuestros pecados" (1 Cor 15:3). El resultado fue el desarrollo de una verdadera fe en los corazones de los oyentes. Un ejemplo que menciona Pablo es el de los propios Gálatas, cuyo resultado es descrito como "el oír de la fe" (Gál 3:1- 2), una verdadera apreciación sincera de la excelsa cruz donde murió el Príncipe de gloria. Una tal respuesta del corazón es en lo que consiste el genuino artículo de la "fe" que obra en la "justificación por la fe" según la claridad del Nuevo Testamento (que constituye el mensaje del tercer ángel en verdad).

Es por eso que la justificación por la fe "se manifiesta en la obediencia a todos los mandamientos de Dios" (Testimonios para los ministros, 92), incluyendo la gozosa aceptación de la verdad del sábado. "El amor es el cumplimiento de la ley" (Rom

13:10).

La motivación verdaderamente cristocéntrica para el servicio y la obediencia encuentra refrescante demostración en los llamamientos de los mensajeros de 1888, en contraste con su virtual desaparición en nuestros días (gracias a Dios, comienza nuevamente a reaparecer). A.T. Jones dijo:

> Oí a alguien que se expresaba en términos parecidos a estos, en relación con la obra misionera: '¡Oh, debo aplicarme más a la obra! de lo contrario no tendré estrellas en mi corona. Debo hacer más, o algún otro tendrá más estrellas que yo'. ¡Bonito motivo! ¿Qué os parece? Aquel que obra para tener estrellas en su corona, para poder tener más estrellas que otros, no tendrá jamás una sola estrella. Ese no es el motivo correcto; ningún motivo que no sea el amor por Cristo es el correcto.
>
> Meditad en ello, hermanos: si finalmente tengo el inmenso gozo de alcanzar tan bendito lugar y el Salvador me coloca una corona, ¿pensáis, hermanos, que podré estar en su presencia llevando la corona?... ¿Creéis que podré mantenerme ante mi Señor contemplando las cicatrices de los clavos en sus manos, y ver las señales de las espinas que se clavaron en su amoroso rostro, creéis que podría... recibir de esas manos una corona para serme puesta en la cabeza? ¡No, no! Querré postrarme de rodillas ante él y colocarla en su cabeza, porque suyo es el poder y la gloria. Que sea suyo el gozo eterno, y que yo pueda ver su gloria, y estaré satisfecho.
>
> He pensado muy poco en mi corona; pero he pensado que si puedo añadir un destello de gloria a su rostro, un rayo de gozo a la faz que las espinas atravesaron, si puedo sumar una alegría a ese rostro... entonces mi gozo será completo... Permitamos que el amor de Cristo nos constriña.
>
> Hermanos, si mantenemos nuestras mentes fijas en Cristo, no nos turbará la idea de las estrellas de nuestra corona, porque nuestra salvación será segura y nuestro gozo completo. Dios quiere que obremos, y ciertamente que lo hagamos a partir de ese motivo del amor (Sermón, 24 septiembre 1888, Oakland, California; RG11 (Presidential) Documents, 1863-1901, Manuscripts & Typescripts folder, General Conference Archives).

Hoy es para nosotros doloroso constatar el marcado contraste entre la motivación presente en ese llamamiento, y la que es extremadamente popular en nuestros días. Cantamos: 'Yo espero la victoria, de la muerte al fin triunfar, recibir la eterna gloria y mis sienes coronar'. También: 'Algún día en vez de una cruz, mi corona Jesús me dará'. Muchos himnos y canciones evangélicas están tan lejos de la religión del Nuevo Testamento como lo está la teología agustiniana, que proporcionó la base para la noción medieval de la piedad. Algunos conceptos expresados en nuestros himnos ilustran la decadencia del agape, que se instaló en la iglesia tempranamente, sin haber sido jamás debidamente restaurada.

Muchos años antes de que el sábado verdadero se sustituyera por el domingo, nuestro Señor reprendió así "al ángel de la iglesia en Éfeso": "Tengo contra ti que has dejado tu primer amor (agape)" (Apoc 2:4). Hemos asumido de forma superficial que eso se refiere a una suerte de enfriamiento romántico, interpretando el "primer amor" en términos de una experiencia emocional. Pero el Señor no está aquí tratando un problema de sentimentalismo.

Si Satanás odia algún concepto del Nuevo Testamento por encima de cualquier otro, es el del agape, la antítesis misma de su razón de ser. Siendo precisamente ese el concepto que destruye efectivamente su cometido egocéntrico, el agape vino a ser su principal diana de ataque en la iglesia primitiva. Los escritos de "los padres" documentan la veracidad del reproche del Señor "al ángel de la iglesia en Éfeso". Las ideas paganas fueron introduciéndose en la iglesia primitiva de la misma forma en que las termitas excavan sus galerías silenciosamente desde la profundidad. Primeramente fue la idea del amor centrado en el yo (eros), a modo de alternativa al agape neotestamentario, con el fin de reemplazar la verdadera motivación cristocéntrica por otra egocéntrica. El cambio del sábado por el domingo no habría nunca podido tener lugar entre los cristianos primitivos, a no ser en un terreno previamente abonado por la adulteración del verdadero concepto del amor.

La teología católica, dice Nygren, está basada en una fusión de las dos ideas (op. cit.). Agustín fue el "padre" teológico de eso, junto con sus ideas sobre el determinismo, predestinación y pecado original. A su nueva idea del amor, la llamó (en latín) caritas, término del que deriva nuestra palabra "caridad", y que causa confusión en la mayoría de las traducciones católicas de la Biblia (en la Reina Valera está presente hasta la revisión de 1960), habiéndose traducido como "caridad" lo que en el original es agape. Esa idea medieval virtualmente eclipsó la gracia de Dios.

Por un tiempo Lutero intentó deshacer esa síntesis para restaurar nuevamente el agape. Pero tras su muerte, sus seguidores volvieron al concepto adulterado, debido a que fueron incapaces de repudiar la doctrina de la inmortalidad natural del alma. La práctica totalidad de las iglesias, sin apenas excepción, han heredado del romanismo medieval esa idea confusa sobre el amor junto con la observancia del domingo y la falsa creencia de la inmortalidad natural del alma. Algunos de sus dirigentes pueden estar clamando de forma casi patética por recuperar las verdades puras del Nuevo Testamento, sin haber encontrado hasta ahora el camino.

Allá donde se encuentre la idea de la inmortalidad natural del alma, podemos estar seguros de encontrar el ego como el concepto dominante del amor. Es tan diferente del concepto de amor del Nuevo Testamento, como el sábado lo es del domingo; sin embargo es igualmente una falsificación sabiamente diseñada. La doctrina de la inmortalidad natural del alma es como una bandera que nos advierte: allí no será posible encontrar una comprensión verdadera del evangelio eterno de la justificación por la fe, porque allí no puede existir una verdadera idea de lo que es la fe del Nuevo Testamento. Ciertamente, no la que armoniza con la verdad de la purificación del santuario.

Esa es una de las razones por la que Ellen White advirtió contra los peligros de ese falso pero sutil error. El espiritismo es a la postre una falsa justificación por la fe:

Los predicadores populares no pueden resistir con éxito al espiritismo. No tienen nada con que proteger su rebaño de su influencia nefasta... la inmortalidad del alma... es el fundamento del espiritismo (Joyas de los Testimonios vol. 1, 120).

Merced a los dos errores capitales, el de la inmortalidad del alma y el de la santidad del domingo, Satanás prenderá a los hombres en sus redes. Mientras aquel forma la base del espiritismo, este crea un lazo de simpatía con Roma...

En la medida en que el espiritismo imita más de cerca al cristianismo nominal de nuestros días, tiene también mayor poder para engañar y seducir. De acuerdo con el pensar moderno, Satanás mismo se ha convertido. Se manifestará bajo la forma de un ángel de luz... los protestantes, que han arrojado de sí el escudo de la verdad, serán igualmente seducidos. Los papistas, los protestantes y los mundanos aceptarán igualmente la forma de piedad sin el poder de ella (El conflicto de los siglos, 645-646).

La sencillez de la verdadera piedad ha sido sepultada bajo la tradición... La doctrina de la inmortalidad del alma es un error con el que el enemigo está engañando a los hombres. Este error es casi universal...

Esta es una de las mentiras forjadas en la sinagoga del enemigo, y es una de las corrientes envenenadas de Babilonia (El evangelismo, 183).

¿Por qué es imposible que el verdadero amor del Nuevo Testamento coexista junto a "las corrientes envenenadas de Babilonia"? ¿Por qué no puede Babilonia ver la cruz, comprender el agape ni experimentar la genuina fe neotestamentaria? ¿Por qué no puede proclamar el auténtico evangelio?

Necesariamente ligada a la idea de la inmortalidad natural del alma, está la noción de que Cristo no hizo un sacrificio infinito cuando murió en la cruz. Según ellos, el buen ladrón dijo: 'Hoy recibiremos una gran recompensa'. "De cierto te digo, que hoy estarás conmigo en el paraíso" (Luc 23:43). Es decir: ¡se supone que ambos fueron en ese día al paraíso! Según eso, durante toda su penosa experiencia, el Señor se mantuvo por la esperanza de la recompensa, y fue consolado por la seguridad de que en realidad no moriría verdaderamente. Su sacrificio consistió entonces en mera agonía física y vergüenza humana de naturaleza temporal. ¡Moisés estuvo dispuesto a un sacrificio aún mayor que ese en favor del pueblo de Israel, cuando pidió que su nombre se borrase del libro de la vida si el pueblo no podía ser perdonado! (Éxodo 32:32). En esa visión popular, la naturaleza altruista, que se vacía de uno mismo ("se anonadó"), propia del agape o amor de Cristo, viene a resultar eliminada de un plumazo. Habría sido motivado por una preocupación meramente egocéntrica, o en todo caso la esperanza de recompensa figuraba profundamente entremezclada con su amor.

En contraste, la verdadera enseñanza bíblica es que el sacrificio de Cristo fue auténticamente eterno e infinito. No murieron simplemente sus "restos mortales" (su cuerpo), sino que él mismo murió el equivalente a la "segunda muerte", una muerte sin esperanza de resurrección. Siendo él el infinito Hijo de Dios, un sacrificio tal es la medida del amor infinito, que va más allá de nuestra capacidad para apreciarlo plenamente. Si bien fue sostenido por la brillante seguridad del favor de su Padre hasta el momento en que las tinieblas rodearon pesadamente el Calvario, entonces se cernió sobre su alma el horror de tinieblas igualmente densas, que le hicieron exclamar: "Dios mío, Dios mío, ¿por qué me has desamparado?" El rostro del Padre se le ocultó totalmente. La plena carga de nuestra culpa pesaba sobre él. Entonces perdió de vista la resurrección y la recompensa futura:

> El Salvador no podía ver a través de los portales de la tumba. La esperanza no le presentaba su salida del sepulcro como vencedor ni le hablaba de la aceptación de su sacrificio por el Padre. Temía que el pecado fuese tan ofensivo para Dios que su separación resultase eterna. Sintió la angustia que el pecador sentirá cuando la misericordia no interceda más por la raza culpable (El Deseado de todas las gentes, 701).

Es esa dimensión infinita del amor de Cristo la que se ha eclipsado mediante la doctrina pagano-papal de la inmortalidad natural del alma. Ninguna iglesia que se adhiera a ese concepto puede apreciar adecuadamente la cruz, ni predicar en el poder que emana de ella. Esa doctrina falsa hace imposible que "el amor (agape) de Cristo" nos constriña verdaderamente, ya que queda ausente el realismo de su demostración. Y estando el agape adulterado de ese modo, también la fe queda distorsionada. Entonces es inevitable que la justificación quede empequeñecida con respecto a su verdadera dimensión. No puede producir otra cosa que desobediencia a la ley, seguir pecando, egocentrismo y tibieza, todo ello bajo el disfraz de "salvación por la fe".

Cuando Juan declara que "el amor (agape) es de Dios" (1 Juan 4:7), significa que no puede proceder de otra fuente. "En esto consiste el amor (agape): no que nosotros hayamos amado a Dios, sino que él nos amó a nosotros y ha enviado a su

Hijo en propiciación por nuestros pecados" (vers. 10). Pero podemos señalar cinco maneras en las que esa "propiciación" es virtualmente negada -o al menos oscurecida- por esa falsa y popular doctrina. El resultado es la perplejidad e inconsistencia: (1) El Padre no dio realmente a su Hijo, sino que solamente lo prestó; (2) Su amor estaba condicionado por una anticipación egocéntrica de recompensa; (3) No hizo realmente un sacrificio más allá del que se han visto obligados a hacer muchos mártires: un sufrimiento físico equivalente, pero con la ventaja de ser sostenido por una esperanza mayor que la que anima a muchos seres humanos en el momento de su muerte; (4) No murió realmente, sino que entró inmediatamente en una esfera superior de existencia consciente en el paraíso; (5) En el mejor de los casos, el "amor que hubo en el corazón de Cristo", entendido de esa manera, era una síntesis de agape y eros, idéntica a la caritas de San Agustín, base del romanismo medieval.

De esa forma se priva a la cruz de su auténtica gloria, y queda anulado el amor que presenta el Nuevo Testamento. Desaparece automáticamente el verdadero contenido de la fe, viniendo a resultar una fe "muerta": aquella contra la que Santiago nos previene. No puede producir verdadera obediencia. El temor o la preocupación por la seguridad personal subyacen como motivación dominante para el alma humana. La cruz no puede ejercer su verdadero poder de atracción, porque queda envuelta en misteriosa confusión similar al de la cima de una montaña oculta por las nubes. No es de extrañar la preocupación de Cristo en el proceso de fundación de la iglesia primitiva, que terminó en la gran apostasía: "Has dejado tu primer amor". Hasta que el protestantismo comprenda y acepte la verdad de la naturaleza del hombre a la luz de la cruz, continuará siendo incapaz de aceptar la cruz o el sábado verdadero, así como otras "verdades probatorias" del mensaje del tercer ángel.

Sabemos que el cuerpo ministerial de las iglesias populares es sincero, ferviente y devoto. Pero en su conjunto no tiene una apreciación justa de "la anchura y la longitud, la profundidad y la altura del amor de Cristo", ese amor "que supera a todo conocimiento" (Efe 3:18-19). Sus falsas doctrinas ocultan de ellos el amor. Su concepto del amor está mucho más próximo al de la noción católica que al del Nuevo Testamento. En sus más elevados planteamientos no pueden ocultar su motivación egocéntrica. Es fácil darse cuenta de ello.

Ahora, la cuestión crucial es: ¿tenemos los adventistas, en general, la misma idea básica acerca del amor que la sostenida por las iglesias populares? Más específicamente: ¿tenemos la misma idea sobre "la justificación por la fe" que la de las iglesias populares, idea derivada de su creencia en la inmortalidad del alma? De acuerdo con el Testigo fiel y verdadero de Apocalipsis 3, el "ángel de la iglesia de Laodicea" tiene un problema a este respecto, pero en total sinceridad "no conoce..." su verdadera condición. ¿Seremos capaces de mirar hacia el pasado con objetividad?

Si el "ángel de la iglesia" no hubiera sido "pobre" en fe y amor genuinamente bíblicos, ¿por qué habría tenido que tomar repetidamente prestada la "justificación por la fe" de las iglesias populares que contienen "las corrientes envenenadas de Babilonia"? Observemos unos pocos ejemplos reveladores. No es posible todavía explicar toda la historia:

1. A causa de no apreciar debidamente el mensaje de 1888, en la década que siguió hubo una tendencia a confundir los conceptos del escrito cuáquero The Christian's Secret of a happy Life (El secreto cristiano de una vida feliz), de Hannah Whitall Smith, con la verdadera justificación por la fe (ver General Conference Bulletin, 1893, 358-359). A su vez, Smith tomó prestadas sus ideas de Fénelon, un católico romano místico de la corte de Luis XIV, que pasó toda su vida procurando enérgicamente la conversión de protestantes a Roma (El conflicto de los siglos, 315; Britannica, 1968, vol. 9, 169). Hasta el día de hoy, las ideas de Smith (y por lo tanto de Fénelon) son tenidas por muchos como auténtica justificación por la fe. Es el resultado natural de la sincera ignorancia del verdadero contraste entre el romanismo y el concepto de la fe en el Nuevo Testamento.

A través de las décadas ha habido ejemplos notables de esa confusión referente a los conceptos católico-romanos de la piedad y de "la vida interior". Está bien visto, y es un signo de refinamiento, el aprecio por las enseñanzas de Pascal y Fénelon. Y verdaderamente sus obras contienen brillantes gemas de belleza filosófica. Debido a no haber comprendido la importancia del agape, se urgió a estudiar la "renuncia del yo" de Fénelon, como si fuera virtualmente el mismo concepto que Ellen White presentó en sus escritos. Pareció ir seguido de un reavivamiento fascinante del fervor espiritual. No es de extrañar que muchos jóvenes hayan caído cándidamente en la confusión.

Esa mezcla de lo verdadero y lo falso constituye esencialmente el mismo proceso que llevó a la mezcla agustiniana de agape y amor helenístico, que constituyó el fundamento del romanismo medieval. El problema fue, y es, la falta de discernimiento. ¿Cómo habría podido producirse tal confusión, de haberse comprendido claramente el mensaje que el Señor dio a su pueblo en 1888? Es una falacia asumir que los conceptos falsos se purifican al ser entremezclados con citas del Espíritu de Profecía, como si pudiese contrarrestarse el arsénico mezclándolo con harina nutritiva.

En esa misma década de 1890 hubo una tendencia a confundir los conceptos romanos de la "justificación por la fe" con el mensaje de 1888. Fue igualmente debido a dejar de apreciar el mensaje que el Señor nos envió. Así, la incertidumbre con respecto al mensaje de 1888[6] preparó el camino para una sucesión de peregrinajes del pensar adventista hacia teólogos no adventistas, en busca de ayuda para la comprensión y proclamación de la "justificación por la fe":

> Yo mismo he visto a algunos de los hermanos, después del encuentro de Minneapolis, decir 'Amén' a predicaciones, a declaraciones, que eran flagrantemente paganas, sin ser conscientes de estar confundiéndolas con la justicia de Cristo. Algunos de aquellos que tan abiertamente se manifestaron en contra en aquella ocasión, y que votaron a mano alzada en contra… a partir de entonces les he visto decir 'Amén' a declaraciones que eran tan clara y decididamente papales, que la misma iglesia papal las podría pronunciar (A.T. Jones, General Conference Bulletin, 1893, 244).

A fin de que podáis tener ambas cosas lado a lado, la verdad de la justificación por la fe, y la falsificación de la misma. Voy a leer qué dice esta (la creencia católica), y después qué dice Dios en El Camino a Cristo… Quiero que veáis cuál es la idea católica romana de la justificación por la fe, porque he tenido que enfrentarla entre profesos miembros adventistas en los cuatro años precedentes. Esas mismas cosas, esas mismas expresiones que figuran en ese libro católico, acerca de qué constituye la justificación por la fe y cómo obtenerla, son precisamente las expresiones que profesos adventistas me han manifestado a propósito de qué es la justificación por la fe.

Quiero saber de qué forma vosotros y yo podremos llevar un mensaje a este mundo, advirtiéndole contra la adoración de la bestia, mientras nos aferramos en nuestra misma profesión a las doctrinas de la bestia… Es ya tiempo de que los adventistas lo comprendan (Id. 261-262. Ver también 265-266).

Muchos creen hoy sinceramente que el Señor honró a las iglesias guardadoras del domingo que aceptan la inmortalidad natural del alma, dándoles a ellas la "misma luz" de la justificación por la fe que nos dio a nosotros en 1888. De acuerdo con esa suposición, quienes sostienen esos dos "errores capitales" (El conflicto de los siglos, 645), "las corrientes envenenadas de Babilonia" (El evangelismo, 183), comprenden y son heraldos ante el mundo, del "evangelio eterno". Esa convicción confusa ataca el corazón mismo de la razón de ser del adventismo, al cuestionar la singularidad del "evangelio eterno" tal como el Señor nos confió los verdaderos conceptos de la justificación por la fe:

> Otros que no son de nuestra fe, fueron movidos a reestudiar la misma verdad de la

---
[6] (N. del T.): "Las muchas y confusas ideas sobre la justicia de Cristo y la justificación por la fe son el resultado de la posición que usted ha tomado hacia el hombre y el mensaje enviados por Dios" (The Ellen G. White 1888 Materials, 1053, –Carta 24, escrita a Uriah Smith, en 1892–).

justificación por la fe, en aproximadamente la misma fecha [1888], lo que se puede comprobar históricamente, como ya se ha dicho... (Movement of Destiny, 255, nota al pie. Original sin atributo de cursiva).

No hemos prestado demasiada atención a esos movimientos espirituales paralelos —de organizaciones ajenas a la Iglesia Adventista— en general con el mismo énfasis y significado, que aparecieron más o menos en la misma época... El impulso venía manifiestamente de la misma Fuente. Y cronológicamente, la justificación por la fe se centró en el año 1888. Por ejemplo, las renombradas Conferencias de Keswick... las Conferencias bíblicas de Northfield, fundadas por Dwight L. Moody... hombres como Murray, Simpson, Gordon, Holden, Meyer, McNeil, Moody, McConkey, Scroggie, Howden, Smith, McKensie, McIntosh, Brooks, Dixon, Kyle, Morgan, Needham, [A.T.] Pierson, Seiss, Thomas, West, y muchos otros, todos dando ese énfasis general [de 1888]. Incontables son quienes han conocido y sido bendecidos por sus escritos. Y eso incluye a muchos de nuestros hombres (Id. 319 y 321. Original sin atributo de cursiva).

Es justo que reconozcamos que el autor señaló limitaciones en los conceptos de aquellos no adventistas. Pero eso no hace sino destacar más aún el problema real: muchos, por largos años, han fracasado en reconocer que hay dos "escuelas" totalmente separadas y opuestas sobre la justificación por la fe. Una con origen en Cristo y sus apóstoles, y la otra con origen en el gran desmoronamiento que alcanza sus etapas finales en la "caída de Babilonia" desde 1844. Esas dos "escuelas" mantienen puntos de vista opuestos sobre el amor y la fe expuesta en el Nuevo Testamento. En lugar de discernir eso, hemos supuesto que el cuerpo ministerial de las iglesias populares entiende automáticamente el verdadero evangelio, aunque no alcance su pleno desarrollo.

2. La historia de los años 1920 a 1930 muestra que poe entonces muchos de nosotros aceptamos y sustentamos de forma entusiasta y sin reservas las ideas sobre la justificación por la fe propias de The Sunday School Times (Escuela dominical de los tiempos), conocidas como "The Victorious Life". Esa historia ilustra la verdad de las palabras de nuestro Señor acerca de nuestra desesperada necesidad de comprar oro de él, no del cuerpo ministerial de las iglesias populares:

a/ El primer paso parece haber sido la publicación de La doctrina de Cristo (Review and Herald, 1919). El autor cita de cierta fuente desconocida, en el sentido de aprobar la idea de "The Victorious Life". La investigación demuestra que el libro empleado por el autor fue escrito por un tal Robert C. McQuilkin, secretario corresponsal de Victorious Life Conferences, Princeton y Cedar Lake, 1918, publicado por "The Victorious Life Literature", en Philadelphia. El editor de Sunday School Times escribió el prólogo del libro de McQuilkin:

Fue ese nuevo e inédito continente, The Victorious Life, lo que nos reunió. Bob McQuilkin y yo... la lejana tierra de las delicias y riquezas insondables... Me complace que comparta ahora sus descubrimientos y convicciones con muchos, mediante esos estudios en The Victorious Life (Charles G.Trumbull, Victorious Life Studies, prólogo).

b/ La "doctrina de Cristo" se introdujo sin dilación entre nosotros, y pronto encontramos predicadores capaces y prominentes que apoyaron esos conceptos sobrevenidos. "The Victorious Life" estableció firmemente en el pensar adventista el concepto "evangélico" egocéntrico del amor, y apartó completamente a la Iglesia de los conceptos de la justificación por la fe que hicieron único el mensaje de 1888. Como pasó con Fénelon, la orden del día era buscar citas de Ellen White que aparentasen -tomadas aisladamente- apoyar las ideas de The Sunday School Times, citas que no pueden comprenderse de otra manera que en el contexto en que fueron escritas, que es el del mensaje de 1888. Una tesis teológica en el Seminario dice al respecto:

Aproximadamente en ese mismo período [1920]... varios dirigentes denominacionales dieron oído a lo que dio en llamarse "victorious life"... En la asamblea de la Asociación General de 1922... A.G. Daniells, dirigiéndose a los delegados, declaró que había acabado por creer lo que se conocía como "victorious life"...

O. Montgomery, por entonces vicepresidente de la División Suramericana, y posteriormente uno de los vicepresidentes generales de la organización mundial, declaró que "últimamente" se había dado "mucho énfasis" a ese tema. Se refería a artículos escritos para las publicaciones y sermones denominacionales que él había oído. Percibía que algunos lo consideraban una fase de la experiencia cristiana desconocida hasta entonces. Mostró que se trataba precisamente de la experiencia que los adventistas incluían en la justificación y la justicia por la fe...

C.H. Watson, por entonces uno de los vicepresidentes de la Asociación General, capitalizó la idea de "victorious life" en las lecturas de una semana de oración en 1923" (Developments in the Teaching of Justification and Righteousness by Faith in the Seventh- day Adventist Church after 1900 –Desarrollo de la enseñanza de la justificación y la justicia por la fe en la Iglesia Adventista del Séptimo Día después de 1900–, por Bruno William Steinweg, 1948, 39-43).

No se pierda de vista que esos predicadores de los años 1920 son los mismos hermanos que el Dr. Froom presenta como supuesta evidencia de que el mensaje de 1888 fue aceptado (Op. cit., 681- 686).

c/ El reavivamiento religioso que afectó a las iglesias populares de la época fue aceptado por nuestros hermanos de forma entusiasta. No nos es posible encontrar en los archivos de la Review voces discrepantes de alguien que discerniese que "The Victorious Life" constituía un cumplimiento de la siguiente advertencia contenida en el párrafo reproducido a continuación, de El conflicto de los siglos:

> El enemigo de las almas desea impedir esa obra, y antes que llegue el tiempo para que se produzca tal movimiento [el avivamiento de la piedad primitiva], tratará de evitarlo introduciendo una falsa imitación. Hará parecer como que la bendición especial de Dios es derramada sobre las iglesias que pueda colocar bajo su poder seductor; allí se manifestará lo que se considerará como un gran interés por lo religioso. Multitudes se alegrarán de que Dios esté obrando maravillosamente en su favor, cuando, en realidad, la obra provendrá de otro espíritu (p. 517. Atributo de cursivas añadido).

A continuación reproducimos algunos ejemplos de pronunciamientos de autores adventistas, que escribieron sus artículos en la Review and Herald:

"The Victorious Life" no es más que otra expresión para referirse a la "justificación por la fe" (R&H, 11 noviembre 1920).

"The Victorious Life" es nada más y nada menos que simple cristianismo bíblico (R&H, 6 julio 1922).

Los siguientes extractos provienen de un librito sobre la justificación por la fe editado en esa época, que ilustra la constante inclinación hacia lo que Ellen White denominó "los predicadores [o ministros] populares" [Maranatha, 164; El conflicto de los siglos, 384]:

Cortland Myers dice, el Dr. L. Munhall dice, Cortland Myers y Robert F. Horton dicen, Henry Van Dike dice, escribió... Whitefield, Edwards dice, el Dr. W.T. Grenfell dice, a los pies de D.L. Moody, Charles Dikens dijo, Sherwood Eddy dijo, el obispo Hannington dijo, Amos R. Wells ha dicho, Charles G. Finney dijo una vez, D.L. Moody dice, Forrest Hallenbeck dice, John Wesley... dijo, John R. Mott dice, Charles G. Trumbull dice, Sunday School Times dice... (Solamente con Dios, Pacific Press).

Un ejemplo claro de la confusión reinante fue el intento de presentar a Ellen White como apoyando el entusiasmo de "The Victorious Life". Efectivamente, se puso ese mismo título a una de sus cartas (ver Testimonios para los ministros, 516-520). Cuando se compiló ese libro, el movimiento estaba en su apogeo (1922).

3. Prestemos atención a la asamblea de la Asociación General de 1926, en Milwaukee. Fue una gran ocasión, y los delegados allí reunidos manifestaron un profundo fervor. Nunca imaginaron que la obra seguiría inacabada medio siglo después:

La convicción y esperanza de esta asamblea de la Asociación permanecerá impregnada de una inusual espiritualidad. Muchos se han sentido impresionados con la seguridad de que ha llegado plenamente el tiempo de que este movimiento avance poderosamente hacia la terminación de la obra (Carlyle B. Haynes, General Conference Bulletin, 1926, 3).

Otro autor cuya sinceridad y devoción no ponemos en duda, opina que la Asamblea de 1926 fue más importante que la de 1888:

Decididamente opino que sería bueno dar menos importancia a 1888 y más a 1926. De hecho, la asamblea de la Asociación General de 1926 fue lo que debería haber sido la de 1888, de haber existido mayor unanimidad en cuanto al significado del evangelio (Norval F. Pease, The Faith That Saves, 59).

En la búsqueda de evidencias de que ya hemos aceptado verdaderamente el mensaje del Señor de la justificación por la fe, algunos citan la asamblea de la Asociación General de 1926 como un ejemplo positivo de "victoria". Los mensajes presentados fueron fervientes y profundamente espirituales. Fue sin duda una de nuestras mejores asambleas.

Un autor afirma: "Es imposible aportar mayor evidencia de crecimiento espiritual y madurez [desde 1888] que los sermones de 1926" (Pease, op. cit.). Dicho de otro modo: la mejor evidencia de que se aceptó el mensaje de 1888, son los mensajes de la Asamblea de 1926.

Pero ¿qué es lo que encontramos al examinar esos mensajes? ¡Una ausencia casi total de las motivaciones básicas que hicieron del mensaje de 1888 algo único! Sin advertirlo, nuestros hermanos, en 1926, se habían alejado del mensaje que tenía por cometido la terminación de la obra de Dios, y habían sido profundamente influenciados por la ideología de "The Victorious Life" prestada de "los ministros populares". Hay que resaltar que eran hombres entregados, bondadosos, maravillosos y dedicados. Nos gusta pensar así de nuestros antecesores. Pero ¿poseían el "oro"? Dos hechos aclaran la respuesta: (a) Si el mensaje de 1888 comenzó a suplir la necesidad, como Ellen White había dicho, el mensaje de 1926 carecía del contenido, como prueba el análisis de las motivaciones. (b) Los casi setenta años pasados desde 1926 hacen caer bajo sospecha la pretensión de que la Asamblea de 1926 fuese una victoria.

Poco tiempo después el pastor A.G. Daniells publicó su renombrado y valioso libro Christ Our Righteousness (Cristo nuestra justicia). Contiene declaraciones francas y sinceras admitiendo que el mensaje de 1888 nunca fue verdaderamente aceptado (p. 39, 55, 58, 59, 63, 79, 86, edición de 1926 en inglés). Pero el autor no reproduce de forma fidedigna el mensaje mismo. Prácticamente ninguno de los aspectos singulares del mensaje de 1888 encuentra su expresión allí. Incluso las citas de Ellen White que se incluyen, parecen haber sido seleccionadas de tal manera que se eviten o filtren tales aspectos [N. del T: la traducción existente al castellano empeora aún más las cosas, habiéndose atrevido incluso a "corregir" declaraciones de Ellen White para hacerle defender postulados evangélicos falsos].

En la conclusión de su libro, intentando resumir su idea de "entrar por la puerta de la fe", termina enfatizar los esfuerzos propios del hombre (p. 130-131). Resulta traicionado por una adhesión a la idea clave del legalismo: "hemos de hacer esto o aquello", que repite hasta siete veces en una sola frase. Expresiones del tipo: "deberíamos orar más", "debemos leer más la Biblia", "debemos manifestar un mayor fervor", "nos deberíamos sacrificar más", etc., aparecen frecuentemente en los llamamientos fervientes de nuestros dirigentes generales de aquellos días. Demuestran una ignorancia de la verdadera motivación neotestamentaria: fe genuina que produce inevitablemente consagración plena.

Daniells concluye su libro con un énfasis desequilibrado en la justificación, a expensas de la exclusión de la verdadera santificación, un concepto mucho más próximo a Sunday School Times que a la noción de 1888 de preparación para la traslación:

Y cada día que viene y pasa deberíamos implorar humildemente ante el trono de la gracia los méritos, la perfecta obediencia de Cristo en lugar de nuestras transgresiones y pecados. Y al hacer así, deberíamos creer y asumir que nuestra justificación viene a través de Cristo como nuestro sustituto y garante, que él murió por nosotros, y es nuestra expiación y justicia (A.G. Daniells, Christ Our Righteousness, 132).

De hecho, ni una sola vez en todo el libro parece capaz de reconocer el pastor Daniells que Cristo es nuestro "Eejemplo" tanto como nuestro "Sustituto". El autor era ferviente y sincero, y su libro es realmente valioso, pero muestra claramente la influencia del entusiasmo producido por "The Victorious Life", alejándonos del corazón del mensaje de 1888. Ver, por ejemplo, el resumen del "evangelio" que hace Daniells en las páginas 117 y 118 de la edición de 1926).

Estamos de acuerdo con un autor que afirmó que el libro del pastor Daniells "estaba en perfecta armonía con la mejor enseñanza evangélica" (By Faith Alone, 189). Pero estar en "perfecta armonía" con la más ortodoxa enseñanza evangélica del pasado y de los contemporáneos de Daniells, de "los ministros populares", no sirve para apresurar la venida del Señor. Los setenta años pasados desde entonces lo demuestran claramente. De hecho, la confusión de la justificación por la fe "de la Reforma"[7] se puede rastrear hasta aquel énfasis popular entre nosotros, en los años 1920. Esa constante inclinación hacia teólogos no adventistas, universidades y

---

[7] (N. del T.): Postulados de la moderna teología evangélica llamada "de la Reforma", defendidos por Desmond Ford entre otros. Últimamente se los conoce como "adventismo progresivo", que clama falsamente ser la "ortodoxia". Ninguna relación con el movimiento reformista.

dirigentes evangélicos populares, no significa un avance sino un retardo de la causa adventista.

(N. del T.): Postulados de la moderna teología evangélica llamada "de la Reforma", defendidos por Desmond Ford entre otros. Últimamente se los conoce como "adventismo progresivo", que clama falsamente ser la "ortodoxia". Ninguna relación con el movimiento reformista.

Es significativo el análisis que el pastor Daniells hizo de una predicción de Ellen White según la cual "teorías falsas e ideas erróneas tomarán cautivas las mentes, Cristo y su justicia se desvanecerán en la experiencia de muchos, y su fe vendrá a resultar desprovista de poder y vida" a menos que el mensaje de 1888 sea realmente aceptado (Review and Herald, 3 septiembre 1889). Daniells escribió:

> En un grado lamentable, el pueblo de Dios dejó de aplicar el poder de Dios a su experiencia, y hemos visto el resultado predicho:
>
> 1. Teorías falsas e ideas erróneas han tomado cautivas las mentes.
>
> 2. Cristo y su justicia se han desvanecido en la experiencia de muchos.
>
> (Op. cit. 108. Atributo de cursiva añadido).

Nuestra historia ha demostrado la veracidad del análisis del pastor Daniells mucho más gráficamente de lo que él mismo pudiera jamás imaginar.

4. En los años 1950, tomamos prestados y apoyamos los conceptos sobre la "justificación por la fe" del misionero metodista E. Stanley Jones, recomendándolos a nuestros pastores como algo "seguro". Leemos en The Ministry (febrero 1950): los conceptos de E. Stanley Jones "enriquecerán personalmente nuestro ministerio". Sin embargo, la adhesión de E. Stanley Jones a la idea de la inmortalidad natural del alma le llevaba a confundir la recepción del Espíritu Santo con la comunicación telepática con los muertos, y también a confesar que "Cristo mismo tiene deficiencias que deben ser suplementadas por otras fes" (The Message of Sat Tal Ashram, 285 y 291). Fue E. Stanley Jones quien acuñó el slogan "comparte tu fe", que ávidamente adoptamos. Pero él entendía que "ese compartir significa, no solamente dar cuanto uno posee a los no cristianos, sino aceptar lo que ellos tienen según la fe que les es propia... Cristo mismo posee deficiencias" (Id.). Si a eso se le puede llamar "una fuente segura" para nuestra "justificación por la fe"...

Encontramos, por fin, una voz solitaria en la iglesia que disintió públicamente –por escrito– de ese préstamo tomado de E. Stanley Jones. El pastor W.A. Spicer escribió un artículo para la Review, que se publicó en el verano de 1950, exponiendo la falsedad de sus ideas y mencionando al autor por su nombre (en la primavera del mismo año había publicado un artículo conteniendo una advertencia indirecta).

5. La "Asamblea bíblica" de 1952 (del 1 al 13 de setiembre, en la iglesia de Sligo) pretendió haber recuperado el mensaje de 1888, e incluso haber avanzado con respecto a este. Dijo un predicador prominente:

> La iglesia fracasó considerablemente en cuanto a edificar sobre el fundamento puesto en la asamblea de la Asociación general de 1888. La consecuencia ha sido una gran pérdida. Llevamos años de retraso... Hace ya mucho que deberíamos estar en la tierra prometida.
>
> Pero el mensaje de la justicia por la fe dado en la asamblea de 1888 ha sido aquí repetido. La práctica totalidad de los predicadores, desde el primer momento, han destacado esta doctrina de capital importancia, y eso sin que se hubiese previsto ningún plan de que así fuese... Verdaderamente, ese tema, en la presente asamblea, "ha absorbido a cualquier otro".
>
> Y esta gran verdad se ha presentado aquí en esta asamblea bíblica de 1952 con mucho mayor poder que en la asamblea de 1888, ya que quienes aquí han dirigido la palabra lo han hecho contando con la ventaja de tener mucha mayor luz, brillando desde cientos de declaraciones sobre el tema en los escritos del Espíritu de Profecía. Tal cosa no estaba al alcance de quienes hablaron con anterioridad.
>
> La luz de la justificación y justicia por la fe brilla hoy sobre nosotros más claramente de lo que jamás lo haya hecho en el pasado.
>
> La cuestión ya no será más '¿cuál fue la actitud de nuestros obreros y de nuestro pueblo, ante el mensaje de la justicia por la fe dado en 1888?, ¿qué hicieron con él?' A partir de ahora, la gran cuestión deberá ser: '¿qué hicimos con la luz sobre la justicia por la fe, tal como se proclamó en la asamblea bíblica de 1952?' (W.H. Branson, Our Firm Foundation, vol. 2, 616-617).

Desde entonces han pasado más de cuatro décadas, tiempo suficiente para que la obra de Dios fuese terminada. No hubo oposición oficial al mensaje de 1952. "La práctica totalidad de los predicadores" lo proclamaron, y evidentemente fue aceptado por todos. Y los predicadores eran "el ángel de la iglesia de Laodicea": los dirigentes eclesiásticos. Si el mensaje de 1952 hubiese sido una verdadera recuperación del mensaje de 1888, la obra habría terminado poco tiempo después, ya que fue dado "con mucho mayor poder" que en 1888. Los hermanos de 1952 eran "más ricos" que cualesquiera "otros, en el pasado". ¡En toda la historia del mundo! Parecían poseer el "oro"...

Pero un estudio cuidadoso de los mensajes de 1952 muestra la carencia de las motivaciones básicas que hicieron único el mensaje de 1888. Como en los mensajes de la justicia por la fe de 1926, no hay ninguna luz adicional que vaya más allá de lo que la iglesia ha estado predicando durante décadas. De alguna manera, las verdades que Ellen White apoyó en 1888 escaparon a la consideración de nuestros hermanos en 1952. Eso es comprensible, ya que con la posible excepción de uno o dos, tenían muy pocas probabilidades de haber estudiado jamás el mensaje de 1888 en su contexto original (hasta el día de hoy, muy pocos lo han hecho).

El pastor Branson pretendía que a pesar de su tibieza, la iglesia poseía "un perfecto sistema de verdad". No comprendió que el "evangelio… es poder de Dios para salvación", y que si la iglesia verdaderamente poseyera el evangelio de Cristo en su plenitud, "el poder" la acompañaría necesariamente. Así, no reconoció el principio básico de la "justicia por la fe": que si uno posee la fe, la justicia le acompaña también. Pretendió que somos ricos precisamente en aquello en que el Testigo fiel y verdadero dice que somos pobres. No expresó ninguna necesidad por parte de los predicadores, de comprender la verdadera justicia por la fe, sino que consideró que fueron "impulsados por el Espíritu de Dios", mucho más incluso de lo que Ellen White afirmó que lo habían sido los mensajeros enviados en 1888.

Un análisis cuidadoso de las motivaciones pone de manifiesto que los mensajes de las asambleas de 1926 y de 1952 prepararon el camino hacia la confusión actual de los así llamados conceptos "de la teología de la Reforma" sobre la justificación por la fe, en detrimento de las singulares verdades confiadas por providencia divina a la Iglesia Adventista.

Si leemos los dos volúmenes enteros de Our Firm Foundation,[8] donde "la práctica totalidad de los predicadores… han destacado esta doctrina de capital importancia [la justicia por la fe]", descubriremos un hecho sorprendente. Ningún predicador reconoció el peligro contra el que advertía la sierva del Señor en el citado pasaje de El conflicto de los siglos, 517, ni tampoco discernió nadie que la interpretación de la justificación por la fe que hacen las iglesias populares está desprovista del amor que presenta el Nuevo Testamento. Nadie discernió la relación que existe entre el ministerio del Sumo Sacerdote en el lugar santísimo del santuario celestial y una comprensión de la verdadera justicia por la fe. Sorprende que fuese pasada por alto la declaración de Primeros Escritos citada a continuación:

> Los que se levantaron con Jesús elevaban su fe hacia él en el lugar santísimo, y rogaban: "Padre mío, danos tu Espíritu". Entonces Jesús soplaba sobre ellos el Espíritu Santo. En ese aliento había luz, poder y mucho amor, gozo y paz.
>
> Me di vuelta para mirar la compañía que seguía postrada delante del trono [lugar santo] y no sabía que Jesús la había dejado. Satanás parecía estar al lado del trono, procurando llevar adelante la obra de Dios. Vi a la compañía alzar las miradas hacia el trono, y orar: "Padre, danos tu Espíritu". Satanás soplaba entonces sobre ella una influencia impía; en ella había luz y mucho poder, pero nada de dulce amor, gozo ni paz (Primeros Escritos, 55-56).

El encuadre de ese pasaje es de importancia capital, ya que tiene una repercusión directa en nuestra comprensión del evangelio mismo. "La compañía que seguía

---

[8] (N. del T.): Ninguna relación con el ministerio de sostén propio del mismo nombre.

postrada delante del trono" es el grupo que rechazó la verdad del santuario en 1844. Si bien esas imágenes tienen un alto contenido simbólico, es evidente que Ellen White se estaba refiriendo al cambio en el ministerio de Cristo, al final de los 2.300 días (años). Quienes no apreciaron dicho cambio, se expusieron a sí mismos a un engaño letal: Satanás presentándose como si fuese "Cristo", en el desempeño de un ministerio que el verdadero Sumo Sacerdote había ahora "dejado".

Pero ese trágico engaño no se limita a quienes vivieron en la era inmediatamente posterior a 1844. Las iglesias que abrazan la doctrina de la inmortalidad natural del alma están expuestas al mismo peligro espantoso. En este tiempo en el que la doctrina del santuario está siendo abiertamente desafiada por muchos desde dentro de la misma Iglesia Adventista del Séptimo Día, debemos comprender que el rechazo de esta singular doctrina adventista del santuario implica también un rechazo de la justificación por la fe propia del evangelio neotestamentario en su pureza:

> Muchos que profesaban amar a Jesús y que derramaban lágrimas al leer la historia de la cruz se burlaron de las buenas nuevas de su venida... Los que rechazaron el primer mensaje no pudieron recibir beneficio del segundo; tampoco pudo beneficiarles el clamor de media noche, que había de prepararlos para entrar con Jesús por la fe en el lugar santísimo del santuario celestial. Y por haber rechazado los dos mensajes anteriores, entenebrecieron de tal manera su entendimiento que no pueden ver luz alguna en el mensaje del tercer ángel, que muestra el camino que lleva al lugar santísimo. Vi que así como los judíos crucificaron a Jesús, las iglesias nominales han crucificado estos mensajes y por lo tanto no tienen conocimiento [obsérvese que está expresado en tiempo verbal presente] del camino que lleva al santísimo, ni pueden ser beneficiados por la mediación que Jesús realiza allí. Como los judíos, que ofrecieron sus sacrificios inútiles, ofrecen ellos sus oraciones inútiles al departamento que Jesús abandonó; y Satanás, a quien agrada el engaño, asume un carácter religioso y atrae hacia sí la atención de esos cristianos profesos, obrando con su poder, sus señales y prodigios mentirosos, para sujetarlos en su lazo... También viene como ángel de luz y difunde su influencia sobre la tierra por medio de falsas reformas. Las iglesias se alegran y consideran que Dios está obrando en su favor de una manera maravillosa, cuando se trata de los efectos de otro espíritu (Primeros Escritos, 260-261).

> En muchos de los despertamientos religiosos que se han producido durante el último medio siglo, se han dejado sentir, en mayor o menor grado, las mismas influencias que se ejercerán en los movimientos venideros más extensos. Hay una agitación emotiva, mezcla de lo verdadero con lo falso, muy apropiada para extraviar a uno (El conflicto de los siglos, 517).

No hay ninguna evidencia de que en la "asamblea bíblica" de 1952 nos apercibiésemos del peligro de esa falsa imitación del evangelio, tomada de la ortodoxia de "los predicadores populares".

6. En 1960 adoptamos ávidamente las ideas y métodos de "Campus Crusade for

Christ", enviando pastores a sus sedes centrales para aprender de ellos cómo presentar la "justificación por la fe". La gran prominencia que se dio a sus "cuatro leyes espirituales" atestigua de ello, así como otros sustitutos similares que nosotros mismos preparamos de vez en cuando. Algunos de nuestros obreros trabajaron muy estrechamente con el grupo de "Campus Crusade", pero ese entusiasmo pareció enfriarse ante la insistencia de "Campus Crusade" de que todos sus obreros debían suscribir la doctrina de la inmortalidad natural del alma. Tal cosa es esencial para sus conceptos de la justificación por la fe.

Las "Four Spiritual Laws" (cuatro leyes espirituales) son exquisitamente egocéntricas. La "justificación por la fe" que presentan no va paralela ni es consistente con la obra que Cristo está realizando en el lugar santísimo. Los que la han presentado así, suponiendo que han aportado un gran bien, no se han dado cuenta de que esa clase de "justicia por la fe" está tan alejada de la verdadera enseñanza del Nuevo Testamento como la observancia del domingo lo está de la del sábado.

7. En décadas más recientes (la que comenzó en 1970) nos hemos vuelto con avidez hacia el mensaje y métodos de los afamados expertos y proponentes del "crecimiento de la iglesia", esperando encontrar allí principios de "explosión evangélica" que funcionen en nuestro medio, como lo hacen en el de ellos. Como en todos los movimientos previos durante décadas, el concepto de amor, y consecuentemente el de fe, son totalmente egocéntricos. Sin embargo intentamos justificar la validez de esos conceptos buscando citas del Espíritu de Profecía que los apoyen. La implicación es evidente: Dios ha dado a los ministros populares el "oro afinado en fuego", y tenemos que ir a ellos a comprarlo. Les ha confiado a ellos el secreto para acabar la obra. La confusión puede ser rastreada en la historia hasta los acontecimientos de 1888 y lo que derivó.

Así, como el antiguo Israel, hemos estado vagando en una especie de desierto espiritual durante muchas décadas, sin comprender el mensaje que el Señor nos envió.

Debido a "nuestro" fracaso en recibir el mensaje de 1888 como lo que realmente era, hemos estado leyendo el Espíritu de Profecía con un "velo" ante nuestros ojos, el mismo que tenían los judíos (2 Cor 3:15). Es el mismo "velo" que tenían los asistentes a la Asamblea de 1888, de quienes dijo Ellen White: "Os he estado hablando y rogando, pero eso no parece haber significado nada para vosotros" (MS. 9, 1888). Gozaban de la presencia de una profetisa viva en su medio, y sin embargo eso no significaba nada para ellos. Tenemos sus libros entre nosotros, pero estos también parecen no haber significado nada para nosotros, debido a que hemos aceptado inadvertidamente las ideas de "los predicadores populares" sobre la justificación por la fe, en el lugar de las verdaderas. De hecho, oficialmente no reconocemos distinción alguna entre la doctrina de ellos a ese respecto, y la que Dios nos envió (Movement of Destiny, 255-258; 319-321; 616-628).

Hasta tal punto hemos dejado de comprender y apreciar la singularidad de nuestro mensaje de la justicia por la fe, que hemos cambiado el concepto que tenemos sobre nosotros en tanto que "iglesia remanente", y hemos abandonado el concepto de la proclamación del "evangelio eterno" como algo único y prominente. Incluso empezamos a decir que ciertas iglesias populares evangélicas y organizaciones que guardan el domingo y se adhieren a la inmortalidad natural del alma -esas "corrientes envenenadas de Babilonia" (El evangelismo, 183)- son parte de la verdadera iglesia remanente y están proclamando el evangelio eterno al mundo. Es clara la implicación de que el "evangelio eterno" del mensaje de los tres ángeles ha sido confiado por el cielo a "muchas de las iglesias evangélicas", cuyo "nuevo celo misionero" ha pospuesto significativamente la caída de Babilonia que comenzó hacia el principio del siglo XIX (Gottfried Oosterwal, Mission Possible, 32-39). Debemos plantear una pregunta muy seria: ¿Constituye todo ese "nuevo celo misionero" una genuina proclamación del "evangelio eterno" "en verdad"? ¿O bien estamos cegados por un cierto "ángel de luz", con sus "falsas reformas"?

¿Cómo puede ser que quienes se aferran a "las corrientes envenenadas de Babilonia": la inmortalidad natural del alma y la santidad del domingo, y que no comprenden claramente la expiación, den el "evangelio eterno" al mundo? Es cierto que la gran masa del pueblo de Dios está todavía en las iglesias populares, y es cierto que son sinceros. Debemos respetarlos y "cooperar" verdaderamente con ellos en todo esfuerzo noble. Pero ¿es la "misión" de nuestra iglesia el ser virtualmente una más en la proclamación de lo que constituye básicamente el mismo evangelio? ¿No hay un mensaje distintivo por el que debamos llamar a esa parte del pueblo de Dios a "salir de ella"?

Nada de lo aquí expresado pretende ser crítico o irrespetuoso hacia nuestros hermanos de los pasados cien años, ni hacia aquellos que han asumido hoy sinceramente que "los ministros populares" comprenden la "misma verdad de la justicia por la fe" que el Señor nos dio en 1888. Nada de lo expresado pretende la búsqueda de defectos en otros. Estamos simplemente considerando el mensaje a Laodicea, y hasta qué punto es cierto que necesitamos comprar de nuestro Señor el "oro afinado en fuego".

El mensaje de 1888 constituyó un reavivamiento genuino de la idea original del Nuevo Testamento sobre el agape, así como de su respuesta complementaria: la fe.

El concepto de la justificación por la fe era singular y distinto del mantenido por "los predicadores populares". Liberado al fin de la confusión basada en la idea egocéntrica de la inmortalidad natural del alma, el mensaje de 1888 restableció más claramente las ideas apostólicas. Con la única excepción de Lutero, quien alcanzó esa meta sólo de forma parcial, uno busca prácticamente en vano a lo largo de la historia, para encontrar otro paso adelante similar. La casi totalidad de los reformadores del siglo XIV al XVIII continuaban esposados a la idea pagana-papal con origen en el Helenismo. Por ejemplo, Calvino y Wesley. Buscaron ese paso hacia adelante, sin encontrarlo realmente nunca.

¿No es todavía tiempo de que esa confusión relativa al amor y la fe se resuelva por fin en la iglesia remanente?

Hay tal cosa como una conciencia adventista. ¿Reconocerá esa conciencia la necesidad que el Testigo fiel y verdadero dice que tenemos?

Si lo que hemos comprendido y predicado desde 1926 o desde antes, es "la misma verdad" que fue "el principio" de la lluvia tardía y el fuerte pregón de 1888, ¿querría alguien hacer el favor de explicarnos por qué la obra no ha terminado ya, ni la tierra ha sido iluminada con la gloria del cuarto ángel?

Capítulo 8—Remedios Divinamente Señalados: Vestiduras Blancas y Colirio

Esas "vestiduras blancas, para que no se descubra la vergüenza de tu desnudez" son "el carácter inmaculado, purificado en la sangre de su amado Redentor" (Joyas de los Testimonios, vol. 1, p. 329), "la justicia de Cristo" (Joyas de los Testimonios, vol. 2, 75), o "los hábitos de la justicia de Cristo" (My Life Today, 311). Ellen White lo aplicó frecuentemente al "mensaje de la justicia de Cristo" de 1888. El propio apóstol Juan declara que son "las obras justas de los santos" (Apoc 19:8); no por su propia justicia, evidentemente, ya que no poseen ninguna, sino por la que Cristo finalmente les ha impartido de forma plena; no imputado en un sentido exclusivamente legal.

Si no hubiese existido una "presentación de la justicia de Cristo en relación con la ley, tal como el doctor [Waggoner] la ha expuesto ante nosotros [en 1888]" (Ms. 15, 1888; The EGW 1888 Materials, 164), entonces el cuerpo ministerial y la iglesia adventista habrían estado embarazosamente "desnudos". Habíamos predicado la ley hasta que llegamos a estar tan "secos como las colinas de Gilboa". A la vista de todo el universo de Dios creíamos estar predicando el "evangelio eterno" al mundo, cuando ni siquiera comprendíamos "el mensaje del tercer ángel en verdad". El mensaje de 1888 iba a colmar el mensaje adventista de precioso contenido, y también habría de colmar la iglesia de preciosa experiencia, que eliminaría todo motivo de "vergüenza".

¿Se vistió nuestra desnudez en aquella ocasión? ¿O continuamos aún desnudos? ¿Es la "justicia de Cristo" un concepto relevante para nosotros hoy?

¿Es una mera fórmula, palabras que esconden un vacío? ¿Podemos decir que "su esposa se ha aparejado"? ¿Conoce tan bien a Cristo como para estar finalmente preparada para ser su cónyuge? Si no es así, entonces, todavía no está "vestida".

¿Es nuestro conocimiento de la justicia de Cristo tan superficial como el de las "siete mujeres" que echan mano de él y quieren que su nombre sea llamado sobre ellas, sin poder llegar a ser jamás su verdadera desposada? (Isa 4:1-4).

Cristo no fue un simple Shiboleth para los mensajeros de 1888. No se llenaron la boca con su nombre, para presentar después sermones emotivos, calculados para causar impresión. Tenían una visión diferente y objetiva de Cristo que se podía comunicar en términos de verdad doctrinal. Comprendieron algo que aparentemente ninguno de sus hermanos contemporáneos había visto jamás. Lo anterior es evidente a partir de las palabras de Ellen White:

Aprecio la belleza de la verdad en la presentación de la justicia de Cristo en relación con la ley, tal como el doctor [Waggoner] la ha expuesto ante nosotros. Muchos de vosotros decís: es luz y verdad. Sin embargo, no la habíais presentado nunca en esa luz hasta ahora... Si nuestros hermanos ministeriales aceptaran la doctrina que se ha presentado tan claramente –la justicia de Cristo en relación con la ley–, y yo sé que están en necesidad de aceptarla, sus prejuicios no habrían tenido un poder controlador, y el pueblo habría recibido su alimento a su tiempo" (MS 15, 1888; The Ellen G. White 1888 Materials, 164).

Cuando el hermano Waggoner expuso esas ideas en Minneapolis, fue la primera vez que oí una presentación clara de ese tema por parte de ningún labio humano, a excepción de conversaciones mantenidas con mi marido" (MS 5, 1889).

El mensaje único que esos hermanos trajeron en aquel tiempo, recibió un nombre especial: "La doctrina... de la justicia de Cristo en relación con la ley". Significó el reconocimiento de que la justicia de Cristo fue la justicia de un Ser verdaderamente divino y humano, quien "condenó al pecado en la carne", habiendo sido enviado "en semejanza de carne de pecado" (Rom 8:3). Ese fue el punto central de su mensaje, el tema dominante que proveyó un enfoque práctico. Sin esa "gran idea", su mensaje habría estado desprovisto de poder. El carácter que Cristo desarrolló, podemos desarrollarlo nosotros si tenemos su fe. En otras palabras, ¡la justicia viene por la fe!

Ambos mensajeros negaron específicamente que Cristo viniera en la naturaleza de Adán antes de la caída (Waggoner, Cristo y su justicia, 26-29; Jones, El Camino consagrado, 26-55, y General Conference Bulletin, 1895, 232-234 y 265-270). Afirmaron claramente que "tomó" la naturaleza del hombre después de la caída, y de la forma más explícita y enfática posible presentaron un enfoque de Cristo absolutamente diferente del que era y es habitual, y extensamente presentado hoy. (Hay, por supuesto, algunas excepciones aquí y allá, y muy recientemente algunas publicaciones han comenzado a presentar el concepto de 1888 sobre la justicia de Cristo).

Si nuestro concepto popular al uso sobre la "justicia de Cristo" es el verdadero, entonces la base y centro del mensaje de Jones y Waggoner estaba totalmente errado, y también Ellen White por haberlo apoyado de la forma en la que lo hizo.

Se hacen considerables esfuerzos por reunir citas de Ellen White que den la impresión de que se opuso a la postura de Jones y Waggoner[9]. Al contrastarlos con

---

[9] (N. del T.): En lo referente a la exposición que estos hicieron de la verdad bíblica sobre la naturaleza humana de

sus numerosas declaraciones de apoyo a la posición de estos, el resultado neto es la confusión. Se diría que hasta el día de hoy ningún teólogo haya sabido reconciliar la naturaleza aparentemente contradictoria de esas dos colecciones de citas. Allí donde se trate el tema, una de las colecciones es invariablemente utilizada para anular a la otra. Pero si Ellen White se hubiese contradicho de esa forma, ¿no habría sido acaso una falsa profetisa?

Nunca seremos capaces de comprender esas declaraciones aparentemente irreconciliables, a menos que las estudiemos en su verdadero contexto: el mensaje de 1888 traído por Jones y Waggoner. "Me han llegado cartas que afirman que Cristo no podría haber tenido la misma naturaleza que el hombre, pues si la hubiera tenido, habría caído bajo tentaciones similares" (Sermón matinal, 29 enero 1890; Review and Herald, 18 febrero 1890; Mensajes Selectos vol. 1, 477). Es más que evidente que esas cartas representaban el criticismo a la exposición de Waggoner y Jones sobre el "mensaje de la justicia de Cristo". ¿Cómo podemos comprender los comentarios de Ellen White sobre esas cartas, a menos que los refiramos al mensaje controvertido? Si bien las cartas probablemente hayan desaparecido, los archivos ponen aún a nuestra disposición lo que realmente importa: aquello que Ellen White apoyó como el "comienzo" de la lluvia tardía y del fuerte pregón.

Se puede cuestionar si esta generación ha presenciado tan poderosas exposiciones sobre "la justicia de Cristo en relación con la ley" como las de Jones en el Bulletin de 1895, o en su libro El Camino consagrado a la perfección cristiana (The Consecrated Way). Nunca se había mostrado el libro de los Salmos como el más Cristocéntrico de la Biblia, tal como se aprecia en esos estudios. De no haber sido por la actitud de apartamiento y oposición de una gran proporción de nuestros hermanos en los años 1890 y siguientes, "la revelación de la justicia de Cristo" contenida en esos mensajes habría obrado un milagro en sus días, y la iglesia se habría vestido con "vestiduras blancas" y habría dado el fuerte pregón al mundo. Cristo habría sido vindicado en su pueblo, al demostrarse en la carne pecaminosa de ellos el fiel reflejo de lo que él mismo demostró al venir "en semejanza de carne de pecado" cuando estuvo en la tierra. Habiendo visto a Cristo claramente revelado, habrían recibido "la fe de Jesús". Cristo y su justicia no han sido todavía claramente comprendidos.

El mensaje de 1888 de la justicia de Cristo ha sido reemplazado por una visión diferente, según la cual Cristo debió tomar la naturaleza impecable de Adán, tal como este la poseía antes de la caída, por lo tanto no es posible que su carácter

---

Cristo, como base necesaria para comprender la justicia de Cristo.

perfecto se manifieste en nuestra carne pecaminosa. Esa posición es virtualmente idéntica a la sostenida por los que guardan el domingo y se adhieren a la inmortalidad natural del alma. Ninguno de los "predicadores populares" tiene claro el concepto de la "justicia de Cristo", si bien es posible observar un sincero y notable esfuerzo por comprenderlo en escritores como Reinhold Niebuhr, C.S. Lewis y algunos otros. Pero ninguna iglesia o movimiento se mantiene en la visión singular que Dios dio a nuestra iglesia en 1888. ¡Aún tenemos el campo despejado!

'¿Qué importa pensar de una forma u otra?' se preguntan muchos. Solamente una mentalidad legalista se puede plantear esa pregunta. El concepto de la "justicia de Cristo", para quienes son motivados por una preocupación egocéntrica, no puede significar otra cosa que una trampa legal, una maniobra judicial para encubrir el libre curso de nuestra injusticia. El énfasis puesto en la "justicia imputada" legalmente ha venido a ser algo tan absorbente, que para la mayoría de cristianos no queda ninguna posibilidad de que podamos ser verdaderamente como Cristo en carácter.

Conceptos como esos convierten la preparación para la venida de Cristo y la traslación en una experiencia tan remota y visionaria como para pertenecer al próximo siglo, o quién sabe cuánto más lejos en el futuro.

La cita que se reproduce a continuación ha sido empleada para promover una visión desequilibrada en la que la justicia imputada de forma legal lo sea todo. Es solamente la primera frase la que se destaca entonces, minimizando la importancia del contexto. Pero obsérvese con atención cómo ese texto no contiene nada parecido a un rechazo indirecto hacia los mensajeros de 1888 –ya que en ese período el apoyo de Ellen White al mensaje de ellos era inequívoco. Al contrario, se está refiriendo a la falsificación de "los predicadores populares" sobre la "justicia por la fe", en contraste con el énfasis que ella puso en la justicia impartida:

Cuando está en el corazón el deseo de obedecer a Dios, cuando se hacen esfuerzos con ese fin, Jesús acepta esa disposición y ese esfuerzo como el mejor servicio del hombre, y suple la deficiencia con sus propios méritos divinos. Pero no aceptará a los que pretenden tener fe en él, y sin embargo son desleales a los mandamientos de su Padre. Oímos mucho acerca de la fe, pero necesitamos oír mucho más acerca de las obras. Muchos están engañando a sus propias almas al vivir una vida acomodadiza y desprovista de la cruz. Pero Jesús dice: "Si alguno quiere venir en pos de mí, niéguese a sí mismo, tome su cruz y sígame (Signs of the Times, 16 junio 1890; Mensajes selectos vol. 1, 448).

Pero habitualmente se interpreta que 'si decimos que amamos al Señor, ya "está en el corazón el deseo de obedecer a Dios"; así pues, 'tratemos simplemente de ser un poco mejores. No podemos obedecer los mandamientos y el Señor lo sabe, por lo tanto, él tiene suficiente con lo anterior, y suplirá el resto con "sus propios méritos divinos"'.

Consideremos el tema del sexo, por ejemplo. Mientras que la promiscuidad, la infidelidad y el divorcio hacen alarmante incursión en la iglesia, la mayor parte de nuestro bienintencionado cuerpo pastoral continúa aferrado a la suposición de que Cristo tomó la naturaleza impecable de Adán antes de la caída, con lo que evidentemente, él no pudo nunca ser tentado a la fornicación o el adulterio. Ciertamente Adán no fue tentado de ese modo. La postura oficial expresada en Questions of Doctrine es que Cristo "estaba exento de las pasiones y poluciones heredadas que corrompen a los descendientes naturales de Adán" (p. 383). Esa es una afirmación decididamente confusa, ya que implica la existencia de contradicción tanto en la Biblia como en el Espíritu de Profecía. Los autores sólo pudieron expresarla así a partir de la ignorancia o el desprecio al concepto de 1888 sobre la justicia de Cristo.[10]

Cristo no estaba "exento" de nada. ¡Gracias a Dios! La única razón por la que no pecó es porque escogió no pecar, no por ninguna ventajosa "exención" o inmunidad que convirtiese la tentación en menos tentadora para él que para nosotros. Escogió no pecar porque él sabía cómo morir al yo, y lo demostró muriendo en la cruz. Así, "condenó al pecado en la carne" (Rom 8:3), incluyendo el pecado de la impureza sexual, al que debió haber sido tan tentado "en la carne" como lo pueda ser cualquier otro. Él "fue tentado en todo según nuestra semejanza, pero sin pecado" (Heb 4:15). Si negamos eso, no hay mensaje de la justicia de Cristo, ya que tal supuesta justicia pierde el significado si se la separa de la "semejanza de carne de pecado" que recibe todo hijo o hija de Adán.

En cuanto él mismo padeció siendo tentado, es poderoso para socorrer a los que son tentados (Heb 2:18)

Pero muchos no lo comprenden. La ignorancia de esa verdad corta los lazos de unión y simpatía con Cristo. Esa es la razón por la que miles no tienen nada que los proteja en la hora de la tentación, y Cristo es tristemente deshonrado por una iglesia remanente que no demuestra una norma de excelencia moral significativamente superior a la de las iglesias adheridas abiertamente a "las corrientes envenenadas

---

[10] (N. del T.): La "tercera vía", la postura "intermedia" consistente en pretender que Cristo no tomó la naturaleza impoluta de Adán pero tampoco la nuestra, sino otra naturaleza singular, única, diferente a la de Adán y a la nuestra, es totalmente equivalente a la de que tomó la naturaleza del Adán no caído, pues aparta a Cristo de nosotros, y a nosotros de él, haciendo imposible cualquier tipo de victoria semejante a la suya.

de Babilonia".

Es suficiente el haber tenido que batallar con los problemas prácticos en el campo misionero de una moderna iglesia situada en la ciudad, para comprender que estamos desesperadamente "desnudos" en ese terreno de la "justicia". Dice nuestro Testigo fiel y verdadero: "Yo te aconsejo que compres de mí ... vestidos blancos, para cubrir la vergüenza de tu desnudez" (Apoc 3:18). El consejo no es que los compremos de los predicadores populares, sino "de mí" (de él). ¿Cómo podemos comprarlos de él? Aquí hay una clave:

En su gran misericordia el Señor envió un preciosísimo mensaje a su pueblo por medio de los pastores Waggoner y Jones. Este mensaje tenía que presentar en forma más destacada ante el mundo al sublime Salvador, el sacrificio por los pecados del mundo... invitaba a la gente a recibir la justicia de Cristo, que se manifiesta en la obediencia a todos los mandamientos de Dios. Muchos habían perdido de vista a Jesús... Este es el mensaje que Dios ordenó que fuera dado al mundo (Testimonios para los ministros, 91-92).

Obsérvese la fuente del mensaje: "El Señor envió". ¿Cómo podemos "comprar" de él, si no es renunciando a nuestros conceptos equivocados y aceptando humildemente el mensaje de "la justicia de Cristo" que él envió a su pueblo en su gran misericordia, pero que no es hoy comprendido?

Es "al ángel de la iglesia" a quien se aconseja de ese modo. No es suficiente que permanezcamos impasibles en una postura neutral, en época de crisis. Debemos "comprar" de él. De hecho, debemos recibir de él. El mensaje debería proclamarse ampliamente de toda manera posible, en nuestros libros, revistas, publicaciones juveniles, radio y televisión, así como enseñado en nuestras instituciones formativas teológicas y sábado tras sábado en nuestros púlpitos. No es suficiente la publicación esporádica de folletos conteniendo el mensaje, aquí y allá. En la década de 1888 los mensajeros tenían la oportunidad de proclamar el mensaje ellos mismos, de varias maneras a su alcance. Pero el movimiento fracasó porque el ministerio, corporativamente, no se entregó con corazón indiviso a la proclamación del mensaje. Dejando aparte el caso de Ellen White, el mejor apoyo que los mensajeros recibieron no fue otra cosa que apoyo a medias. Un historiador prominente reconoce que cuando la oscura década de los 1890 se convertía en el siglo XX, ningún mensajero entre nosotros -aparte de Ellen White- estaba proclamando significativamente el mensaje (Norval Pease, By Faith Alone, 164).

Desde luego, una postura de neutralidad sería preferible a la tenaz oposición, pero eso no respondería al llamado del Testigo fiel y verdadero. La neutralidad no logrará jamás la terminación de la obra de Dios en esta generación. Se espera que hagamos más que el gobierno de Persia en los días de la reina Esther, cuando este permaneció neutral y se limitó a conceder permiso para que los judíos se defendieran a sí mismos. No debemos albergar la más mínima pretensión de infalibilidad o irrevocabilidad en nuestras actitudes previas, como era el caso con los decretos de los Medas y los Persas. Ahora es el momento de apoyar la verdad de todo corazón.

Hagamos que "las buenas nuevas de la justicia de Cristo" impregnen la iglesia en todo el mundo. Pongamos la verdad a la obra y permitamos que nuestros modernos métodos de comunicación sean plenamente empleados en proclamar lo que Ellen White dijo que era el "preciosísimo mensaje" que "en su gran misericordia el Señor envió", "justamente lo que el pueblo necesitaba" [The Ellen G. White 1888 Materials, 1339].

Solamente entonces se podrá afirmar que hicimos verdaderamente lo mejor a nuestro alcance para obedecer al Señor, de manera que podamos esperar confiadamente que él responda a nuestras súplicas con reavivamiento y reforma, en preparación para la lluvia tardía y el fuerte pregón.

Nuestro Señor pronuncia otra frase al mencionar el tercer remedio: "Unge tus ojos con colirio, para que veas" (Apoc 3:18).

El colirio tiene por objeto:

• "Reconocer el pecado bajo cualquier disfraz" (Joyas de los Testimonios vol. 1, 479).

• "Discernir las necesidades del momento" (Consejos para los maestros, 42).

• "Distinguir entre la verdad y el error" (My Life Today, 73).

• "Rehuir los ardides de Satanás" (Joyas de los Testimonios

vol. 2, 75).

En ese contexto nuestra ceguera resulta ser otra forma de referirse a nuestra inconsciencia espiritual. El "colirio" es lo que hace posible que el pecado inconsciente acuda a la conciencia. "El mensaje del Testigo fiel encuentra al pueblo de Dios sumido en un triste engaño, aunque crea sinceramente dicho engaño" (Joyas de los Testimonios vol. 1, 327).

Si recordamos que el pecado subyacente de toda la humanidad es su participación en la crucifixión del Hijo de Dios (Rom 3:19; El Deseado de todas las gentes, 694; Testimonios para los ministros, 38), veremos que la comprensión de ese pecado está oculta a nuestro entendimiento por la sencilla razón de que la humanidad caída elude esa convicción (ouk edokimasan, Rom 1:28). Entre el profeso pueblo de Dios en estos últimos días, hay mucha confusión con respecto a la naturaleza y profundidad de nuestro pecado. "No conoces..."

Cristo no tenía la barrera de la inconsciencia que nosotros tenemos. No habiendo conocido culpa, no tenía nada que reprimir, a diferencia de nosotros. Aquello que los hombres experimentan de forma inconsciente, Cristo lo experimentó conscientemente por nosotros. Juan habló de ese milagro de la herencia del Salvador, consistente en nuestra propia naturaleza y su conocimiento de ella: "El mismo Jesús no se confiaba a sí mismo de ellos, porque él conocía a todos, y no tenía necesidad que alguien le diese testimonio del hombre; porque él sabía lo que había en el hombre" (Juan 2:24-25).

Se nos protege del conocimiento pleno de nuestro pecado, ya que la culpabilidad nos destruiría. Pero Dios, "al que no conoció pecado [Cristo], hizo pecado por nosotros" (2 Cor 5:21). "Jehová cargó en él el pecado de todos nosotros" (Isa 53:6) (¡eso significa todo lo contrario a una "exención"!). Así, Juan dijo verdad al afirmar: "He aquí el Cordero de Dios, que quita el pecado del mundo" (Juan 1:29). Está escrito que Cristo aborrecía la maldad en un sentido muy singular (Heb 1:9). Pero no podría aborrecerla sin haberla comprendido. El discernimiento inspirado de Pablo presupone que Cristo conoció plenamente la mente desconocida del hombre. Solamente así pudo él llevar nuestra iniquidad. Cristo es el único origen del "colirio".

Si "el ángel de la iglesia de Laodicea" quiere recibir de Cristo el "colirio", discernirá la verdad plena acerca de sí mismo y acerca del Salvador. No solamente obtendrá un conocimiento pleno de su pecado, sino también una expiación completa, "final", por todos los pecados que hoy nos son todavía desconocidos. El mensaje a Laodicea lleva en sí mismo la asunción del éxito: "He aquí, yo estoy a la puerta y llamo... entraré a él, y cenaré con él, y él conmigo" (vers. 20). Eso significa un grado de intimidad con Cristo, que ninguna de las anteriores seis iglesias ha conocido. ¿Logrará el ministerio del Sumo Sacerdote en el lugar santísimo ese éxito final y completo? ¿Va a ser por fin el pueblo de Dios verdaderamente como Cristo en carácter? La respuesta es un sí rotundo:

Ahora, mientras que nuestro gran Sumo Sacerdote está haciendo propiciación por nosotros, debemos tratar de llegar a la perfección en Cristo. Nuestro Salvador no pudo ser inducido a ceder a la tentación ni siquiera en pensamiento. Satanás encuentra en los corazones humanos algún asidero en que hacerse firme; es tal vez algún deseo pecaminoso que se acaricia, por medio del cual la tentación se fortalece. Pero Cristo declaró hablando de sí mismo: "Viene el príncipe de este mundo; mas no tiene nada en mí" (Juan 14:30). Satanás no pudo encontrar nada en el Hijo de Dios que le permitiese ganar la victoria. Cristo guardó los mandamientos de su Padre y no hubo en él ningún pecado de que Satanás pudiese sacar ventaja. Esta es la condición en que deben encontrarse los que han de poder subsistir en el tiempo de angustia (El conflicto de los siglos, 680-681. Original sin atributo de cursivas).

Por primera vez en la historia, Laodicea como pueblo (corporativamente), percibirá las dimensiones plenas del Calvario, y en esa proporción percibirá también las dimensiones plenas de su propio pecado. Esa constatación la aniquilaría si no miraran "a Mí, a quien traspasaron" (Zac12:10). Pero confesarán y transferirán a Cristo la convicción de pecado y culpabilidad de las que ahora serán ya plenamente conscientes. La "expiación final" resuelve finalmente el conflicto en lo más profundo del corazón, revierte y hace desaparecer la culpabilidad. Si bien los santos seguirán poseyendo una naturaleza pecaminosa, serán humildes y contritos, y el pecar llegará a su fin.

Por fin el Cordero encontrará así una "esposa" capaz de apreciarlo. Su experiencia del Calvario consistió en beber hasta lo último la amarga copa de la culpa humana. Ahora su novia ha llegado a comprender y apreciar lo que él hizo. No se le pide más. Eso es "fe" al fin y al cabo, y por lo tanto, el resultado será "justicia" en consistencia y armonía con la purificación del santuario. ¿No es precisamente ese el fin que pretende el mensaje a Laodicea?

Epílogo: El Cantar de los Cantares Y el Mensaje a Laodicea

El mensaje a Laodicea encierra una historia de amor que pocos parecen apreciar actualmente. Pero investigadores profundos y reverentes de las Escrituras la han tenido presente por siglos. Escapó de alguna forma a la consideración de nuestros pioneros, y nuestros ojos han estado demasiado "cargados" como para prestarle atención.

En el original griego, Apocalipsis 3:20 viene a decir algo así como:

Mira: estoy de pie a la puerta, y llamo (golpeando con la mano). Si alguno oye mi voz y abre la puerta, entraré donde él está y tendré estrecha relación con él.

Esa constituye una clara alusión a la historia del Cantar de los Cantares de Salomón, un libro que ha suscitado más situaciones embarazosas que dedicada atención y estudio. La fraseología empleada por Cristo es una cita directa y exacta de la Septuaginta, epi ten thuran, "a la puerta", tal como se encuentra en Cantares 5:2: "Yo dormía, pero mi corazón velaba: la voz de mi amado que llama a la puerta..." La expresión "a la puerta" no figura en el Antiguo Testamento en hebreo. Los editores del Comentario Bíblico Adventista evidentemente no consultaron la Septuaginta, que la iglesia primitiva utilizaba ampliamente, ya que afirman: "El Cantar de los Cantares no se cita en el N.T." (vol. 3, 1129). ¡Pero aquí aparece, en el mensaje a Laodicea, citada por nuestro propio Señor! Él mismo se refiere también a ese libro en Juan 7:38: "El que cree en mí, como dice la Escritura... ", citando Cantares 4:12-16, único pasaje del Antiguo Testamento al que pudo haberse referido. Así, Cristo pone su sello de aprobación sobre el libro, y resulta identificado en él como su auténtico protagonista (Esposo).

La protagonista (esposa) ha de ser la propia Laodicea. Y así es: la historia de esta se refleja allí con claridad. En 1888 nuestro Señor "llamó a la puerta" como divino Amante, buscando entrada en el corazón de su futura esposa. La citación directa de la Septuaginta que Jesús hizo constituye un comentario inspirado que nos indica que el mensaje a Laodicea debe comprenderse a la luz del libro de Cantares. Si Cristo no es omnisciente (en Marcos 13:32 se nos informa de que no sabe el día y la hora de su segunda venida), quizá él no supiera cuál sería el resultado del llamamiento de 1888. ¿Podemos ahora apreciar su divino fervor y anhelo por llevar consigo a su esposa? ¿Somos capaces de sentir cómo Cristo, el "Amante" que esperaba contra toda esperanza que ella respondiera?

Ellen White escribió más tarde: "El chasco de Jesús es indescriptible" (Review and Herald, 15 diciembre 1904). Los Cantares de Salomón nos relatan lo que ocurrió, mejor que nuestros propios historiadores. Habla la novia:

Una búsqueda infructuosa

Yo dormía, pero mi corazón velaba:

Y oí a mi amado que llamaba [a la puerta, LXX] [diciendo]:

"Ábreme, hermana mía, amiga mía, paloma mía, perfecta mía;

Porque mi cabeza está llena de rocío, mis cabellos de las gotas de la noche".

Me quitado la ropa; ¿cómo me he de vestir?

He lavado mis pies; ¿cómo los he de ensuciar?

Mi amado introdujo su mano por la ventanilla, y mi corazón se conmovió dentro de mí.

Me levanté para abrir a mi amado

y mis manos y mis dedos gotearon mirra, mirra que corría sobre el pasador de la puerta.

Abrí, pero mi amado se había ido, había pasado ya. Lo busqué, y no lo hallé. Lo llamé, y no respondió.

(Cantar de los Cantares 5:2-6)

El resto del capítulo describe muy adecuadamente el implacable devenir de los sucesivos años de nuestra historia. Todo ello es bien conocido por el universo celestial; solamente nosotros hemos caído en la ceguera y en la patética confusión, en nuestra búsqueda de Aquel que tan trágicamente despreciamos[11]:

Me hallaron los guardas que rondan la ciudad. Me golpearon e hirieron,

me quitaron mi manto de encima,

los guardas de la muralla.

Os conjuro, doncellas de Jerusalem,

si halláis a mi amado,

que le hagáis saber

que estoy enferma de amor (vers. 7-8).

¿Qué significa "enferma de amor"? La palabra hebrea no da la idea de lo que

---

[11] (N. del T.): "Andaré y tornaré a mi lugar hasta que conozcan su pecado y busquen mi rostro. En su angustia madrugarán a mí" (Oseas 5:15).

hoy entendemos por el "mal de amores", sino que se refiere a enfermedad, a trastorno o debilidad. En el resto del Antiguo Testamento el término se utiliza en toda otra ocasión con ese significado.

¿Qué significa el versículo siguiente?

Los encantos del amante perdido

¿En qué es tu amado mejor que otro amado, oh, la más hermosa de todas las mujeres? ¿En qué es tu amado más que otro amado, que así nos conjuras? (ver. 9).

En la Septuaginta llama la atención otra expresión empleada en el libro de Cantares. Las otras mujeres han solicitado a la heroína que les explique por qué su amante es tan "diferente" de todos los demás ("el más señalado entre diez mil", ver. 10). En los versículos 10-16 expresa poéticamente sus excelencias, y concluye diciendo: "Tal es mi amado, tal es mi amigo, oh doncellas de Jerusalem". La palabra traducida por "amigo" es plesion, que en griego significa "aquel que está cercano a" (Juan 4:5). ¿Qué es lo destacable o distintivo en Cristo, que hace que lo amemos y proclamemos al mundo? Ellen White dijo en referencia al mensaje de 1888:

La tarde del sábado fueron tocados muchos corazones, y muchas almas se alimentaron con el pan que viene del cielo… Sentimos [ella, Jones y Waggoner] la necesidad de presentar a Cristo como al Salvador que no está alejado, sino cercano, al alcance de la mano (Review and Herald, 5 marzo 1889. Original sin atributo de cursivas).

Se trata de una clara alusión a la cristología que presentaron Jones y Waggoner, quienes reconocieron a Cristo como estando "cercano", habiéndose hecho nuestro "pariente más próximo", viniendo "en semejanza de carne de pecado", "tentado en todo según nuestra semejanza, pero sin pecado". En la Septuaginta hay también una relación con Zacarías 12:10. El lector recordará la tierna descripción que hace el pasaje acerca de la estrecha simpatía que el pueblo de Dios aprenderá a sentir por Cristo cuando se dé cuenta de que él es aquel a quien ha "traspasado". La versión Reina Valera traduce: "Llorarán sobre mí, como se llora por unigénito. Se afligirán sobre mí como quien se aflige por primogénito", pero la Septuaginta traduce: "Llorarán por él, como por el amado", precisamente la palabra empleada en el Cantar de los Cantares.

Obsérvese la forma en que Ellen White relaciona claramente la fraseología del libro de Cantares con el mensaje de 1888:

La vida cristiana, que antes les había parecido [a los jóvenes] indeseable y llena de inconsistencias, surgió ahora en su verdadera luz, en destacada simetría y belleza. Aquel que antes les había parecido como raíz de tierra seca, sin parecer ni hermosura, se convirtió ahora en el señalado entre diez mil [Cantares 5:10], y todo él deseable" (Id. 12 febrero 1889).

Es en verdad una historia de amor, la más impresionante que jamás se haya contado. Está impregnada de la misma esperanza de reconciliación final que el mensaje a Laodicea.

Es una esperanza digna de vivir y de morir por ella. El que nuestras pobres almas sean finalmente salvas, lleguemos al cielo y se nos recompense, eso no es lo importante. Lo que es importante es que el tan chasqueado Amante y Esposo reciba su recompensa, que él reciba por fin a su esposa, una iglesia capaz de apreciarlo con corazón sincero e indiviso.

Apéndice—Ellen White y el Pecado No Reconocido

El pecado está en nosotros antes de ser revelado a la conciencia

"El Señor nos coloca en diferentes posiciones, a fin de desarrollarnos. Si poseemos defectos de carácter de los que no nos apercibimos, él nos somete a disciplina que traerá esos defectos a nuestro conocimiento a fin de que podamos vencerlos. Es su providencia la que nos lleva a enfrentar diversas circunstancias. En cada nueva situación enfrentamos diferentes tipos de tentaciones. Cuántas veces, al vernos en cierta situación comprometida, pensamos: 'Es una gran equivocación. Cuánto daría por haber permanecido en la anterior situación'. Pero ¿cuál es la razón de no sentirse satisfecho? Es porque las nuevas circunstancias han servido para traer a su noticia nuevos defectos del carácter; pero no se ha revelado nada que no existiera en usted" (Review and Herald, 6 agosto 1889).

El engaño anida en las cámaras secretas de la mente

"La ley de Dios es la prueba de nuestras acciones. Sus ojos ven todo acto, escudriñan cada rincón de la mente, detecta todo engaño y toda hipocresía. Todas las cosas están desnudas y abiertas ante la vista de Dios" (Carta 46, 1906; A fin de conocerle, 292).

El pecado inconsciente de Pedro es también nuestro problema

"Esta pregunta que escudriñaba el corazón era necesaria en el caso de Pedro, y es necesaria en el nuestro. La obra de la restauración nunca puede ser completa a menos que se llegue hasta las raíces del mal. Vez tras vez han sido recortadas las ramas, pero ha sido dejada la raíz de amargura para que resurja y contamine a muchos. Pero debe llegarse hasta la profundidad misma del mal oculto, los sentidos morales deben ser juzgados una y otra vez a la luz de la presencia divina. La vida diaria testificará si la obra es verdadera o no.

Cuando Cristo le preguntó a Pedro por tercera vez: '¿Me amas?', la sonda llegó hasta lo más profundo del alma. Pedro, juzgándose a sí mismo, cayó sobre la roca" (Youth Instructor, 22 diciembre 1898; Comentario Bíblico Adventista vol. 5, 1125).

El mensaje a Laodicea y el pecado inconsciente

"El mensaje a Laodicea ha de ser proclamado con poder, ya que ahora es aplicable de una forma especial... No ver nuestra propia deformidad es no apreciar la belleza del carácter de Cristo. Cuando nos demos cumplida cuenta de nuestra propia pecaminosidad, apreciaremos a Cristo... No ver el marcado contraste entre Cristo y nosotros significa que no nos conocemos. Aquel que no se aborrece a sí mismo, no puede comprender el significado de la redención... Hay muchos que no se ven a sí mismos a la luz de la ley de Dios. No detestan el egoísmo, y en consecuencia son egoístas" (Review and Herald, 25 setiembre 1900).

Una visión inadecuada de sí misma, problema de Laodicea

"El mensaje a la iglesia de Laodicea revela nuestra condición como pueblo... Satanás procura corromper la mente y el corazón con toda su sutileza. Y ¡Oh, cuánto éxito obtiene en hacer que los hombres y mujeres se aparten de la simplicidad del evangelio de Cristo! Bajo la influencia de Satanás las tendencias hereditarias y cultivadas al mal se despiertan a la acción. Pastores y miembros de iglesia están en peligro de permitir que el yo ocupe el trono... Si viesen sus caracteres deformes y distorsionados, tal como quedan minuciosamente reflejados en la Palabra de Dios, se alarmarían de tal modo que caerían sobre sus rostros ante Dios en contrición de espíritu y desecharían los trapos de inmundicia de su propia justicia" (Review and Herald, 15 diciembre 1904).

Pecado inconsciente hecho consciente demasiado tarde

"Los que están a la izquierda de Cristo, los que lo han descuidado en la persona de los pobres y dolientes, fueron inconscientes de su culpabilidad. Satanás los cegó; no percibieron lo que debían a sus hermanos. Estuvieron absortos en sí mismos y no se preocuparon de las necesidades de los demás" (El Deseado de todas las gentes, 594).

La maquinaria moral oculta del corazón

"A los hombres a quienes Dios destina para ocupar puestos de responsabilidad, él les revela en su misericordia sus defectos ocultos, a fin de que puedan mirar su interior y examinar con ojo crítico las complicadas emociones y manifestaciones de su propio corazón, y notar lo que es malo... Dios quiere que sus siervos se familiaricen con el mecanismo moral de su propio corazón" (Joyas de los Testimonios vol. 1, 475).

El pecado inconsciente vendrá a ser por fin plenamente consciente

"La visión de Zacarías con referencia a Josué y el ángel se aplica con fuerza peculiar a la experiencia del pueblo de Dios durante la terminación del gran día de expiación... Como Josué intercedía delante del ángel, la iglesia remanente, con corazón quebrantado y fe ferviente, suplicará perdón y liberación por medio de Jesús, su abogado. Sus miembros serán completamente conscientes del carácter pecaminoso de sus vidas, verán su debilidad e indignidad..." (Joyas de los Testimonios vol. 2, 175-176).

Los servicios del Santuario, un tipo de la remoción del pecado inconsciente de la mente del hombre

"Aunque la sangre de Cristo habría de librar al pecador arrepentido de la condenación de la ley, no había de anular el pecado; este queda registrado en el santuario hasta la expiación final; así en el símbolo, la sangre de la víctima quitaba el pecado del arrepentido, pero quedaba en el santuario hasta el día de la expiación.

En el gran día del juicio final... los pecados de todos los que se hayan arrepentido sinceramente serán borrados de los libros celestiales. En esta forma el santuario será liberado o limpiado de los registros del pecado. En el símbolo, esta gran obra de la expiación, o el acto de borrar los pecados, estaba representada por los servicios del día de la expiación... Así como en el día de la expiación final los pecados de los arrepentidos han de borrarse de los registros celestiales para no ser ya recordados, en el símbolo terrenal eran enviados al desierto y separados para siempre de la congregación" (Patriarcas y Profetas, 371-372).

"Satanás había acusado a Jacob... y durante la larga noche de la lucha del patriarca, procuró hacerle sentir su culpabilidad para desanimarlo y quebrantar su confianza en Dios... el Mensajero celestial, para probar su fe, le recordó también su pecado y trató de librarse de él... Así será en el tiempo de angustia. Si el pueblo de Dios tuviera pecados inconfesos que aparecieran ante ellos cuando los torturen el temor y la angustia, serían abrumados; la desesperación anularía su fe y no podrían tener confianza en Dios para pedirle su liberación. Pero aunque tengan un profundo sentido de su indignidad, no tendrán pecados ocultos que revelar. Sus pecados habrán sido borrados por la sangre expiatoria de Cristo, y no los podrán recordar" (Id, 199-200).

Nuestros propios capítulos desconocidos

"La amargura del pesar y la humillación es mejor que la complacencia del pecado. Mediante la aflicción Dios nos revela los puntos infectados de nuestro carácter para que por su gracia podamos vencer nuestros defectos. Nos son revelados capítulos desconocidos con respecto a nosotros mismos, y nos llega la prueba que nos hará aceptar o rechazar la represión y el consejo de Dios" (El Deseado de todas las gentes, 268).

"En el día del juicio final, cada alma perdida comprenderá la naturaleza de su propio rechazamiento de la verdad. Se presentará la cruz, y toda mente que fue cegada por la transgresión verá su verdadero significado. Ante la visión del Calvario con su Víctima misteriosa, los pecadores quedarán condenados. Toda excusa mentirosa quedará anulada. La apostasía humana aparecerá en su carácter odioso. Los hombres verán lo que fue su elección... Cuando los pensamientos de todos los corazones sean revelados, tanto los leales como los rebeldes se unirán para declarar: 'Justos y verdaderos son tus caminos, Rey de los santos'" (Id. 40).

Cómo operó la mente inconsciente en la crucifixión de Cristo

"Creyentes y no creyentes vendrán a ser testigos que confirmen la verdad que ellos mismos no comprenden. Todos cooperarán en cumplir la voluntad de Dios, tal como ocurrió con Anás, Caifás, Pilato y Herodes. Enviando a Cristo a la muerte, los sacerdotes creyeron que cumplían sus propios propósitos, pero inconscientemente y sin pretenderlo estaban cumpliendo el propósito de Dios" (Review and Herald, 12 junio 1900).

El Juicio expone el contenido oculto de la mente

"El registro de los días pasados pondrá a la vista la vanidad de las invenciones humanas, por las que las personas se han excusado a sí mismas de su negligencia en responder a los ruegos de Dios. El Espíritu Santo revelará faltas y defectos del carácter que se deberían haber discernido y corregido... Está cercano el tiempo cuando se revelará plenamente la vida interior. Todos contemplarán, como en un espejo, la operación de los resortes ocultos de la motivación. El Señor quiere que examinéis vuestra propia vida ahora, y que veáis cómo aparece vuestro registro ante él" (Review and Herald, 10 noviembre 1896).

El Pecado se oculta en el corazón

"El corazón es la caja fuerte del pecado; si no se lo expulsa, permanece oculto hasta que llega una oportunidad, y entonces se revela, poniéndose en acción" [Ver Hechos 4:27-28] (Carta H-16f, 1892).

Otros libros de Elena G. de White que estarán disponibles muy pronto:

Todos disponibles en Amazon

1. Lección de la vida de Salomón.
2. Lecciones de la vida de Daniel.
3. Lecciones de la vida de Nehemías.
4. Un comentario exhaustivo sobre el libro de Daniel.
5. Un comentario exhaustivo sobre el libro del Apocalipsis.
6. Mensajes de Loma Linda.
7. Serie Manuscritos de Elena G. de White (1844-1915).
8. Serie Cartas de Elena G. de White (1844-1915).
9. Materiales de 1888 Volúmenes 1-4.
10. De la Ciudad al Campo.
11. Vida sana.
12. Camino a Cristo (Portada Cristo y el Cordero).
13. Joyas de los Testimonios.
14. Dones Espirituales 4 volúmenes en un solo libro.
15. La Colección Kress.
16. Colección Paulson.
17. Colección Spalding y Magan.
18. Artículos periódicos de The Youth Instructor.
19. Sermones Escogidos Dos volúmenes en uno.
20. Un Llamado a ser Diferente.
21. Cartas a los jóvenes enamorados.
22. Cartas de Battle Creek

*Si desea comprar al por mayor, el mínimo son 50 libros y puede ponerse en contacto con nosotros por correo electrónico:

kalhelministries21@gmail.com

Otros libros importantes del mensaje de 1888 disponibles en inglés:

1. En busca de la Cruz, Autor: Robert J. Wieland.
2. Introducción al mensaje de 1888, Autor: Robert J. Wieland.
3. 1888 reexaminado, Autores: Robert J. Wieland y Donald K. Short.
4. La llamada a la puerta, Autor: Robert J. Wieland.
5. 10 grandes verdades sobre el Evangelio, Autor: Robert J. Wieland.
6. Nuestro glorioso futuro, Autor: Robert J. Wieland.
7. La Palabra se hizo carne, Autor: Ralph Larson.
8. Cristología en los Escritos de Elena G. de White, Autor: Ralph Larson.
9. El Evangelio en el libro de Gálatas, Autor: E. J. Waggoner.
10. Cartas a los Romanos, Autor: E. J. Waggoner.
11. Pacto Eterno, Autor: E. J. Waggoner.
12. Cristo y su Justicia, Autor: E. J. Waggoner.
13. El Camino Consagrado a la Perfección Cristiana, Autor: A. T. Jones.
14. El Mensaje del Tercer Ángel; 3 Volúmenes, Autor: A. T. Jones.
15. Lecciones sobre la Fe, Autores: A. T. Jones y E. J. Waggoner.

¡¡¡¡Y MÁS VENDRÁN!!!!

*Si desea comprar al por mayor, el mínimo son 50 libros y puede ponerse en contacto con nosotros por correo electrónico:
kalhelministries21@gmail.com

www.ingramcontent.com/pod-product-compliance
Lightning Source LLC
Chambersburg PA
CBHW080900010526
44118CB00015B/2212